もっと、京都のいいとこ。

大橋知沙

何度でも訪ねたい店・人・景色

はじめに

京都の魅力は、まるで折り紙。

色とりどりの紙を折るように
碁盤の目状になった街を縦に横にと巡れば、
訪れるたびに違った旅の形になる。

桜に新緑、紅葉、冬のキンとつめたい朝
どんな色の京都に出会おう？

時代を超えて受け継がれてきた老舗の文化
「今」の風を取り入れながら、
現在進行形で進化する、個性あふれる店
どんな形の京都を見つけよう？

あるいは、何も冒険せず
お気に入りの店や定番のスポットをくり返し訪ねても
やっぱり楽しいのが、京都です。

この本では、京都を旅する際
自分の「好き」を指針に歩けるよう
7つのテーマに分け、店や場所をご紹介しています。

ページをめくりながら
四季折々の風景や料理、美しい工芸や古いもの
京都に暮らす人々の言葉を味わって
自分だけの「京都のいいとこ」を見つけてください。

CONTENTS

・料金はすべて税込で記載しています。別途サービス料が発生する場合があります。
・原則として、夏季休業、年末年始を除く定休日のみ表示しています。詳細は各店舗にお問い合わせください。
・電話番号の記載がない場合、非公開または電話なしとなります。
・はインスタグラムのアカウント名です。
・本書に掲載したデータは2023年12月の取材調査に基づくものです。
店舗やメニュー、商品の詳細については変更になる場合がありますので、あらかじめご了承ください。
・本書に掲載された内容による損害等は弊社では補償しかねますので、あらかじめご了承ください。

6

MAP P215① 京都市下京区繁昌町290

下京中学校 成徳学舎／レトロな旧校舎前の桜「春めき」。ソメイヨシノより早い3月上旬、一番に春を告げる

8

MAP P216②　☎075-371-9210　京都市下京区下珠数屋町通間之町東入東玉水町　3～10月9:00～17:00(11～2月は16:00)
※最終受付は閉園30分前　無休　庭園維持寄付金500円以上(ガイドブック進呈)　https://www.higashihonganji.or.jp

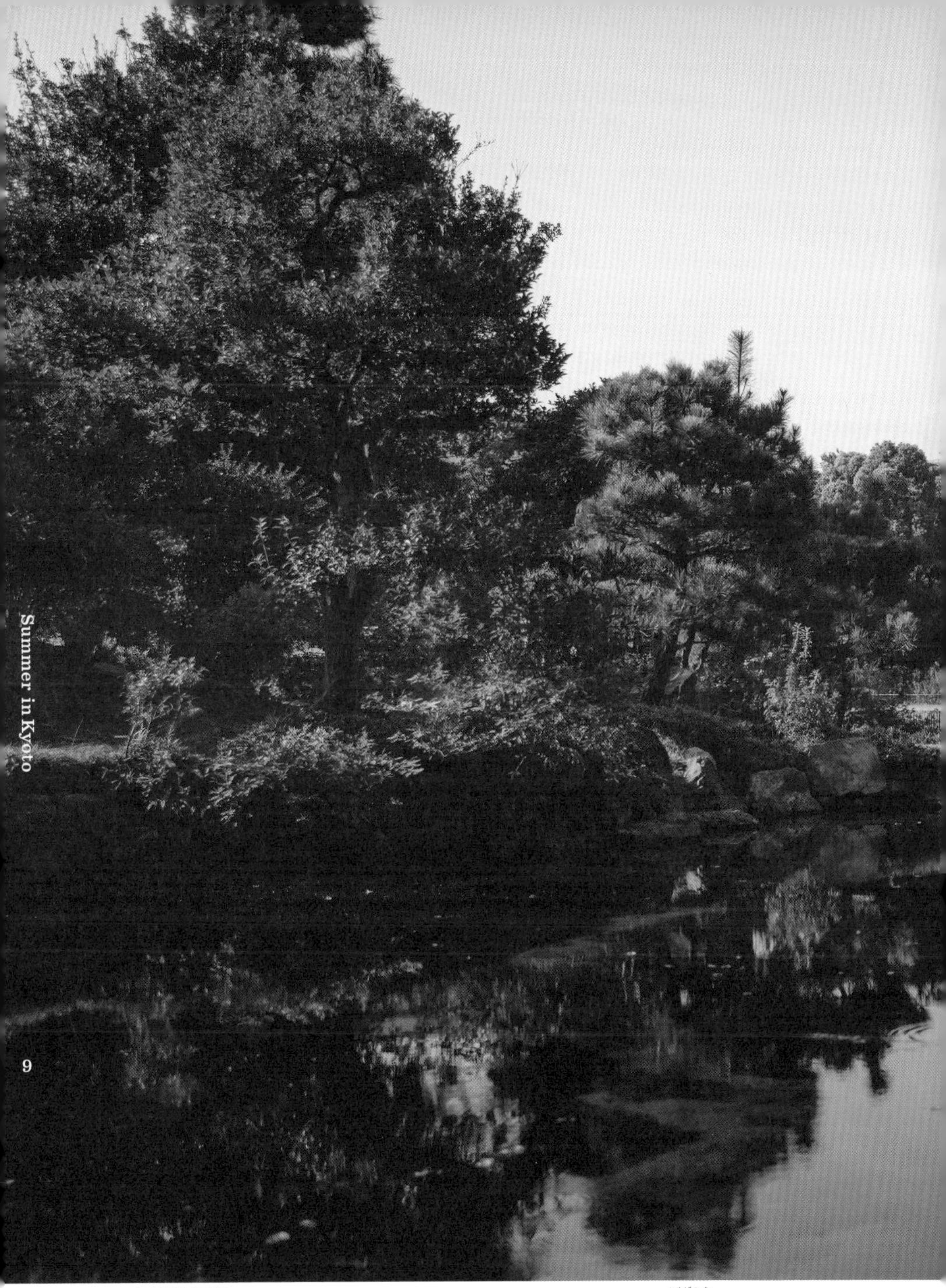

渉成園《しょうせいえん》(枳殻邸《きこくてい》)／『源氏物語』ゆかりの庭園といった伝承がある。京都タワーが印月池《いんげつち》に映り込む景色は見事。

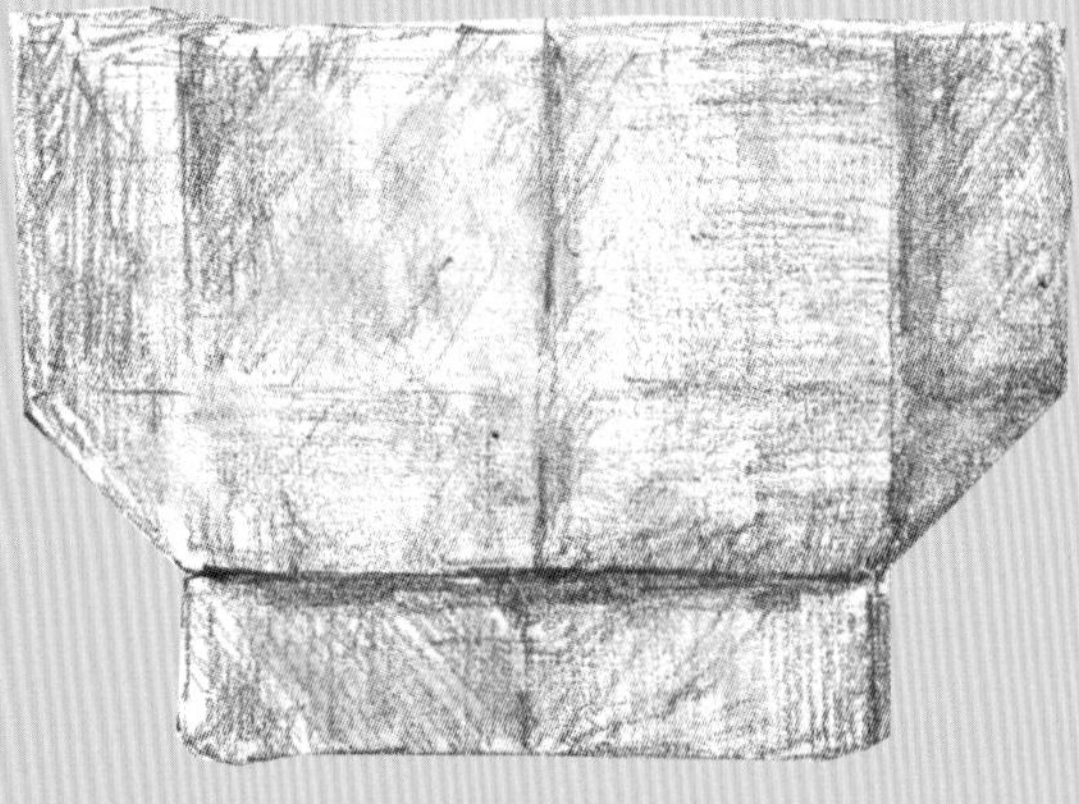

Farm to table
Washoku
Wagashi
Breakfast

今しか食べられない季節の食材
四季を描き出す和菓子の意匠。
季節の歩みに思いを巡らせ、
感謝していただく食文化には
京都の美意識が凝縮されています。

正統派の和食店にも、新しいスタイルの店にも、
共通しているのは
つかの間の季節をとらえ、
今日出会う人を喜ばせたいという
もてなしの心。

心を満たす季節の味を、
さあ、どうぞめしあがれ。

chapter

1 季節をいただく

汽 ki:

ランチで供する「チキンファラフェルミックス」(2500円)。季節の野菜の前菜やグリル、ハーブがちりばめられたひと皿

食卓は国境を越えて

薪窯を備えた開放的なキッチンから運ばれてくるのは、ビビッドな色彩が踊るレバノン料理。光の降り注ぐ空間の真ん中には、動かすことも分けることもできない石造りの大テーブルが置かれています。

「どんな宗教の人も、オーガニックで健康的な食を意識している人も、みんなが同じテーブルを囲む場所にしたいと思ったんです。これだけは譲れなくて」

オーナーの長野浩丈さんはそう笑います。思い描いていたのは、パリのレストランで見たいつかの風景。そこでは、信仰や食のスタイルが異なる人同士が、当たり前のように一緒に食卓を囲んでいました。フランスや中東諸国の食文化の影響を受けつつ、いくつもの宗教が入り交じるレバノンの料理なら、そんなボーダーレスな食卓が実現できると思ったのだそうです。

プレートに添えられるグレーのピタパンは、調理過程で出る野菜の皮やヘタを薪窯で炭化させ、生地に練り込んで焼き上げたもの。これにより、生ゴミの量は大幅に削減されました。残った灰は、大原野にある自家農園の堆肥になるとか。その畑から再び、料理を彩る野菜やハーブが収穫されます。「自分たちの手の届く範囲からでも、有機的なサイクルを生み出せれば」と長野さんは言います。

異なる信仰や主義の人々が、一つのテーブルに集う。厨房は畑とつながり、皿の上ではさまざまな国の要素がおいしいハーモニーを奏でる。夢物語に聞こえますか？　いいえもう、一軒のレストランの食卓からそれは始まっています。

DATA

汽 ki: [き]
MAP P216 ②　☎075-585-4224
京都市下京区都市町149
モーニング8:00〜9:45／
ランチ11:00〜14:45 LO
水曜休　@ki.kyoto

〈 **MEMO** 〉

右から2番目が長野さん。盟友だというシェフや共同経営する弟さん、スタッフと一緒にワイワイ。せっかくなので並んでいただいて撮影しました。「汽」の仲間もボーダーレス！

上／みんなで大テーブルを囲む心地よい空間。下／自分でピタパンに具材を詰めていただく。多彩な味と食感が調和

大きすぎるがゆえ天板がたわみ、蕎麦が傾くカウンターもご愛嬌

すば

上／小窓から注文。おにぎりやアルコールもある。下／「秋田県産三関せり」は現在、温泉卵ではなく揚げ餅付きで1300円

なつかしくて新しい。京都流立ち食い蕎麦

　素っ気ないほど何もない空間に、ひときわ目を引く巨大な玉虫色のカウンター。注文を済ませた客は番号札を持ち、思い思いの場所に立ちます。だしの香りが店じゅうに漂い、ズズッと威勢の良い音があちこちから聞こえるのも、昔ながらの立ち食い蕎麦屋そのもの。食べ終わればすぐに席を外す、わずか10分ほどの食事時間ながら、どんぶりを返す人の顔はみな満足げです。

「東京に出張に行くと、駅周辺にたいてい立ち食い蕎麦屋があります。京都ではなじみが薄いですが、そのファストフード感や大衆食堂らしさが好きで」

　そう話すのは、オーナーの鈴木弘二さん。大衆食堂と言いつつもその味は、立ち食い蕎麦らしからぬ本格派。蕎麦は、その時期一番良い蕎麦粉を全国から厳選し、店の2階で毎朝製麺しています。お品書きには「国産牛ホルモンと黄ニラ」「飛騨ジャンボなめこ」とパンチの効いた名前がずらり。メニューの多くは、地方の地野菜や郷土料理がヒントになっているのだとか。

「このカウンターは陶芸家・橋本知成氏のアート作品。昔聞いた話で、寿司屋の大将が自分の店を持った弟子にヒノキのカウンターを贈り、『もしつぶれたらこれを売れ』と激励する、というのがあって、うちもそうしようかなと(笑)」

　一見奇抜にも見える「すば」ですが、根底にあるのは昔ながらの町と人、食のありかた。地方の味や市井の文化が再解釈され、現在進行形の文化になる。新鮮なのになつかしい立ち食い蕎麦はもう、京都に欠かせぬ存在です。

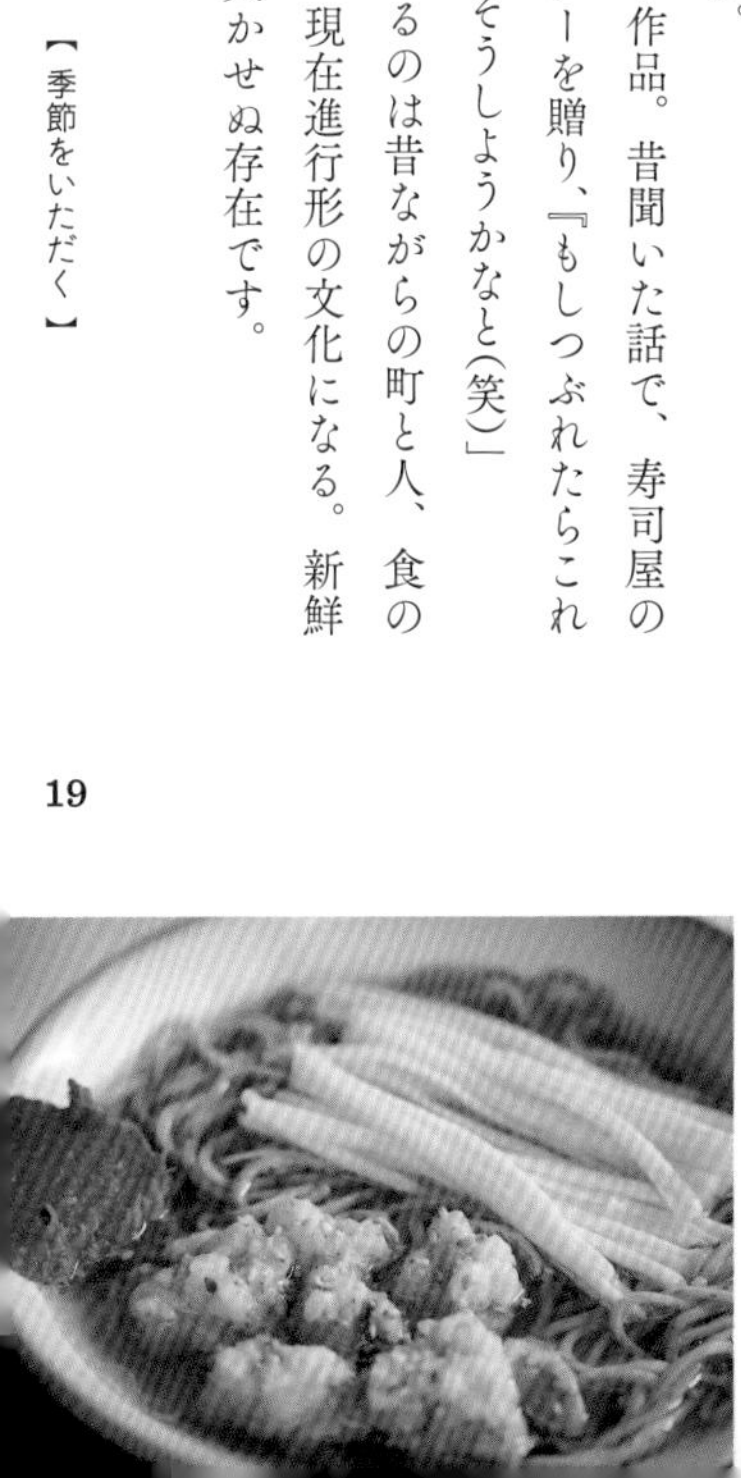

〈 MEMO 〉

もつ鍋大好きな私にとって尊すぎる蕎麦「国産牛ホルモンと黄ニラ」(1300円)。ピンク色の謎の味噌(白味噌に紅ショウガや七味を加えたもの)がこれまた絶品でもう…。

DATA

すば
MAP P216 ②　☎075-708-5623
京都市下京区木屋町通松原上ル
美濃屋町182番地10東
12:00〜22:30 LO
無休　@subasoba

円卓

季節とエール、おべんとに詰めて

折り箱につつましく並ぶ、色とりどりの食材たち。季節の変わり目には、旬の名残と初物が隣り合い、季節が深まれば、滋味をたくわえた盛りの野菜でにぎわう。「円卓」のお弁当には、四季折々の景色が詰まっています。

「外の見えない病棟で働いていた時は、季節どころか時間も感じませんでした。ある時、道端の花を見て季節が巡っていることに気がつき、心が動いたんです」

そう語る「円卓」庄本彩美さんは元看護師。総合病院で昼夜を問わず働いていた当時、心労から救ってくれたのは季節の便りでした。旬が花咲くお弁当の献立は、そんな自身の体験から「野菜なら身近に季節を感じられる」と工夫を重ねたもの。日本の調味料と、柑橘、山椒など和の香りを中心に使い、老若男女問わず食べられる優しくて親しみやすい味に仕上げています。

不定期にオープンするアトリエは、お弁当に限らず食事会やワークショップなど「食」にまつわるさまざまな時間をシェアする場所。庄本さん自身がおばあさまから習った保存食を販売するほか、ワークショップの参加者は手前味噌や梅仕事など、「自分の手で食に関わる」体験が可能です。アトリエの中心にあるのは、大きな円卓。看護師時代、休日に同僚や友人と囲んだちゃぶ台の食卓が、今も庄本さんの料理の原点です。

「頑張る人こそおいしいごはんを食べてほしい。食べた人がハッとするような、心が動くおいしさを出せたらと思います」

DATA

円卓［えんたく］
MAP P217 ④
京都市上京区中書町689
イベント時のみ営業。営業時間はインスタグラムを要確認
@entaku_ayamii

上／塩麹漬けサーモンをはじめ約10種類のおかずを詰めた「鮭弁当」(2000円)。下／奥に坪庭のあるアトリエ

somushi ohara

山笑う、畑とつながる韓国伝統料理

自然を五感で感じられるロケーションでいただけるのは、大原で採れた野菜や韓国の伝統食材をたっぷり使った料理と、甘いもの。地産地消を大切に可能な限りオーガニックの食材を使って作られた料理は、豊かな自然の中でより生き生きと輝いて見えます。

「自然に、正直に作られた素材を使いたい。三条の店の時から大原の朝市で野菜を買っていましたが、もっと土の近くで、自分でも畑を勉強しながら食べるものを作りたいという思いが強くなりました。草がぼうぼうだった場所を一年かけて整えながら、この景色を独り占めするのはもったいないと思ったんです」

そう話すオーナーの山口娟卿《ヨンギョン》さん。烏丸三条で18年愛された「素夢子《そむし》 古茶家《こちゃや》」をいったんクローズし、目の前の風景と料理がそのままつながるようなここ大原で再スタートを切りました。季節の歩みに「正直な」野菜たちは、大原の生産者から仕入れたものや、隣接する自家菜園で採れたもの。ビビンパの入った陶箱のフタに並んだ前菜は、畑の「今」を伝える季節の便りです。

「私にとって、韓国文化の本質に近づくことは人生の宿題なんです」と言う山口さん。しつらえやうつわに宿る工芸の美、自然とつながる食、それらに宿る韓国の文化と伝統…。学びはこの場所を通してしなやかに表現され、訪れた私たちの心に響きます。今ここで食べるものと目の前の景色がつながる、健やかで気づきにあふれた時間を体感してみてください。

〈 MEMO 〉

韓国の食文化を知る手がかりが伝統茶。10種の素材を煎じたオリジナル漢方茶「十夢母(ジュモンモ)茶」は飲むと体がぽかぽか！　餅菓子「薬飯(ヤッパ)」が付いて1300円。

1
2

1.店のすぐ横に高野川が。2.陶箱に入った「somushi ビビンパ」(2000円)。フタの上には季節の前菜

3　1
　 2

1.陶箱の中は10種のナムルのビビンパ。韓国野菜・トラジ(キキョウの根)のナムルがほろ苦くアクセントに。2.藍染めと継ぎが美しいのれん。3.屋外席で大原の自然を感じながら

DATA

somushi ohara［ソムシ オオハラ］
MAP P219 ⑩　☎075-205-1361
京都市左京区大原来迎院町118
10:00〜15:30 LO　月〜水曜休
@somushi_ohara

大地の記憶を宿すワインと料理の物語

「見守り続けることを選ぶと、土地の自然やつくり手の人柄が宿った味になる。豊作の年や有名なワイナリーのものが誰にとっても『おいしい』とは限りません。僕は、不作の年やマイナーな生産地のワインの方が好きだったりします」

ナチュラルワインを京都に広めた立役者でもある、オーナーの江上昌伸さんはそう語ります。ナチュラルワインに明確な定義はありませんが、栽培から醸造工程まで可能な限り農薬や添加物に頼らず、自然の力と野生の微生物の働きでぶどう本来の持ち味を引き出すのが基本。つくり手は、通常の倍以上の労力をかけて畑を手入れし、ぶどうがワインになる環境を整えなければなりません。その姿勢がワインに宿るのか、味の印象と人柄は不思議とリンクすると言います。

人為的なコントロールをしないことで、生産地の気候や風土を記憶しているような風味に仕上がるのも興味深いそう。太陽が降り注ぐ明るさ、独特の湿り気を帯びた余韻など、ワインの味から異国の風景が立ち上がります。そんなワインだからこそ、合わせるのはシンプルで、自然の営みと季節の歩みに寄り添う料理を。テーブルの上で、ワインと料理が調和し響き合います。

「食事は命をいただく場。命が受け継がれ、咀嚼され、栄養となる…。大げさかもしれませんが、生命の循環に思いを馳せていただけたら」

一杯のワインで異国の風景を、不作の年に流した涙と汗を、料理に宿る命の終わりと始まりを。想像するだけで食事は、一編の豊かな物語になるのです。

DATA

DUPREE［デュプリー］
MAP P218 ⑤　☎075-746-7777
京都市左京区岡崎西天王町68-1
18:00〜22:00 LO（日曜12:00〜18:00 LO）　月曜、第1・3火曜休
@dupreekyoto

上／土壁と古いタイルが無国籍な雰囲気。下／力強い野生味の「鹿肉のカツレツ」(1760円／100g〜)

菓子屋のな

歌や文学を和菓子にのせて

看板菓子「アントニオとララ」は、店主・名主川《なぬしがわ》千恵さんの生み出す「言葉と和菓子の豊かな関係」の象徴です。森鷗外が9年かけて翻訳した、アンデルセン作『即興詩人』へのオマージュとして、2人の登場人物を、2つの味わいのあんこ玉に仕立てました。詩人アントニオの翻弄される人生をほろ苦い焦がしキャラメルあんで、盲目の少女ララの情熱的な生き様を甘酸っぱいトロピカルあんで表現。『即興詩人』を知る人も知らない人も、その味わいから登場人物たちの人生に思いを馳せます。

「菓銘から『こんな物語があるんだ』と興味を持っていただけることもあって、それがうれしいです。文学だけでなく、映画のワンシーンや歌謡曲の一節が菓銘になることも。普段食べていただきたいお菓子だから、普段の生活に身近な題材を選んでいきたいと思うんです」

そう話す名主川さんは、通常和菓子にはあまり用いられることのないフルーツやスパイス、ハーブを積極的に使い、香りや風味をも添えます。現代の暮らしに寄り添う和菓子の新しい形を表現しながらも、根底にあるのは、伝統的な和菓子への深いリスペクト。機知と示唆に富む菓銘は、和菓子の文化を身近な感動として手渡すためのメッセージです。

凛とした意匠に見とれ、菓銘に好奇心をくすぐられ、菓銘に隠された物語を知る。小さな和菓子が鍵となる文化の扉を、開いてみませんか。

DATA

菓子屋のな［かしやのな］
MAP P216 ②
京都市下京区醒ヶ井通
万寿寺角篠屋町75
12:00〜18:00（売切次第終了）
日・月曜休　@nonawagashi

1
2

1.「即興詩人アントニオとララ」（940円）。
2.季節ごとに変わるショーケースの和菓子。写真は夏

季節と文化を伝えながら、進化する京料理

一枚板の見事なカウンターに、茶室を思わせる端正な網代天井。掛け軸の前の花には、夜露のような水滴がにじみます。一歩足を踏み入れると自然に背筋が伸びるような、凛とした空間に出迎えられる「ごだん宮ざわ」は、正統にして「今」の感性にもフィットした京割烹。食通の間で知られる「じき宮ざわ」の2号店としてオープンし、たちまち人気店となりました。

オーナーの宮澤政人さんは、料理人修業をしながら、18歳の時たまたま訪れた京都で、そこに息づく食文化に衝撃を受けたと話します。それ以来京都に通い詰め、ホテルや茶懐石の専門店勤務を経て独立。旬の素材をシンプルに味わうことを基本としながら、季節を映し取るみずみずしい感性と、空間やうつわに漂う美意識、文化の香りやサプライズをひとさじ組み込むセンスは、「宮ざわ」のどの店にも共通しています。現在はここを新料理長に任せ、北大路にオープンした新店舗「獨歩《どっぽ》」で腕をふるう宮澤さんは、こう話します。

「新しいものを作ろうと意気込んでしまうと、どこかあざとさが出る。生産者とのご縁や常連さんのリクエストなど、自然な流れで生まれた料理が結果的に喜んでいただけるひと品になっているように思います」

夏は鱧、とうもろこしに賀茂なすと、季節を切り取るひと皿が続きます。目の前で仕上げられ、貴重な骨董や現代工芸のうつわで供される料理は目を、舌を喜ばせます。心尽くされた、一期一会のもてなしをぜひ味わってみてください。

1

2

1.露に濡れたホタルブクロを飾って。
2.定番の「焼胡麻豆腐」を季節に合わせてアレンジ。夏はとうもろこしで

〈 MEMO 〉

骨董、現代工芸問わず、無類のうつわ好きという宮澤さん。日本酒を頼むと、重箱に並ぶ酒器から好みの一客を選べます。くーっ！ 飲める方が羨ましい(下戸な私)。

DATA

ごだん宮ざわ［ごだんみやざわ］
MAP P216 ②　☎075-708-6364
京都市下京区東洞院通万寿寺上ル大江町557
ランチ12:00〜13:00最終入店／
ディナー（2部制）18:00〜20:30　火曜休
https://jiki-miyazawa.com

1
3　2

1.夜の食事は2万2000円〜。季節と料理人のセンスで都度変化する献立も楽しい。写真の「からすみ蕎麦」は一例。2.オーナーの宮澤さん。3.夏はさまざまな鱧料理が登場する

店主の勝原やよ飛さん。夫の立原位貫氏とともに暮らしたアトリエ兼自邸の一角で和菓子屋を営む

上／みずみずしい余韻の「わらび餅」(400円、予約は6個から)。下／隣接する庭からの木漏れ日が心地よい

のれんを見つけたら幸運。隠れ家和菓子店

永観堂禅林寺にほど近い路地の奥。のれんがかかっていたら、営業中の合図です。角を曲がると、永観堂の借景と風通しの良い庭。観光地の真ん中にぽっかりと空いたエアポケットのような場所に、小さな和菓子店が現れます。

　割烹着姿で出迎えてくれたのは、店主の勝原《かつはら》やよ飛《い》さん。ショーケースには看板商品のわらび餅と季節の生菓子が並び、基本は予約のみ。売り切れ次第終了という限定的な営業スタイルながらも、「一度食べたら忘れられない」と訪ねる人が途切れません。

「『素人作りが珍しい』なんて言っておもしろがって、和菓子の材料屋さんやお茶の先生、お客さんが色々教えてくださったの。いい素材を使えばおいしくできるだろうと思ったら大間違いで、ああでもない、こうでもないと試行錯誤」

　そう話す勝原さんは、故人で木版画家の夫・立原《たちはら》位《い》貫《ぬき》氏とともに、縁あってこの地に移り住んできました。自宅兼アトリエの一角に店を構え、販売していた和菓子が評判を呼び、文化人からもひいきにされるように。立原氏と暮らす中で、日本文化を本質から実践したいという思いも強くなったといいます。

「夫は何でも見聞きするだけじゃなく体現したい人でした。木版画もそう、和菓子もそう。私も影響されたのね。自分で『日本を生きて』みたいじゃない」

　そう笑いながら、割烹着姿であんこを炊く勝原さん。木版画の飾られたアトリエの一角で、今も日本の美へのひたむきな憧れの中にいます。

〈 MEMO 〉

のれんがかかっていたら予約なしで訪問できる。いつも会えるとは限らない、そんな幻のようなお店があってもいいと思いませんか？庭から眺めるもみじは秘密にしておきたいほど絶景！

DATA

とま屋［とまや］
MAP P218 ⑤
☎075-752-7315
京都市左京区若王子町25
13:00〜売切次第終了
（喫茶なし・要予約）　不定休

YUGEN

オーナーの須藤惟行さん。農園や茶器の作り手を自ら訪ね、日本茶の魅力を広く発信すべく活動する

日本茶は豊かでおもしろい

オーナーの須藤惟行《ただゆき》さんは、お母さまが茶道をたしなんでいたため、小さいころから日常的に抹茶や煎茶を飲んでいたと振り返ります。アメリカに留学していた時や、日本でさまざまな抹茶スイーツが流行するたびに、「自分が飲み慣れている日本茶がどこにもない」ことをさびしく感じていたそう。日本茶の楽しみを伝えたいというビジョンはそこから始まりました。

京都の宇治や和束、滋賀の朝宮など、産地から届く厳選されたお茶と甘味のセットが「YUGEN」のお茶時間の定番。爽やかな渋みを持つ露地もの、まろやかな口当たりのかぶせ茶や炒りたての焙じ茶、和紅茶など、その時々で入ってくる銘柄から好みの味を選ぶことができます。

目の前でお茶がいれられ、茶器の表情や煎ごとに変化する味わいを楽しめば、心まで満たされるよう。旬のフルーツやオーガニックの素材から作る甘味も、作り置きせずできたてを提供しています。

季節の甘味のもてなしも、手仕事のうつわや茶器を使うことも、ゆるやかにお茶を楽しむことへとつながっています。総合芸術であるお茶の世界は、そうして日本の文化と美意識を育んできたのでしょう。

「お茶には3つの側面があります。嗜好品としてのお茶、体に良いものとしてのお茶、歴史・文化としてのお茶。こんなに身近なのに奥深く、健やかで、日本の文化に欠かせないものだと知っていただけたらうれしいです」

DATA

YUGEN［ユウゲン］
MAP P217 ④
☎075-708-7770
京都市中京区亀屋町146
11:00～17:30 LO（予約優先）
不定休　@yugen_kyoto

〈 MEMO 〉

目の前で点ててくれる抹茶は、さまざまな茶碗から好みのものを選んでリクエスト。「結構なお点前で」って言うやつでは！…なんて緊張せず楽しんでくださいね。

上／カフェの上階には陶芸家の作品を扱うギャラリーも。下／「苺お汁粉とお茶」(2400円)。フルーツは季節で変わる

菓歩菓歩 京都御所西店

京丹波から、栗のたより

新栗の季節が近づくと、初物がスイーツや和菓子となって店先に並ぶ日を待ちわびるのが京都人の常です。こちらは、栗の産地・京丹波町の里山に佇む「菓歩菓歩 本店」の待望の姉妹店。昼夜の寒暖差と丹波霧と呼ばれる濃霧が育てた京丹波の栗は、ほくほく感も風味も格別です。

質感の異なるグレーの土壁と和紙をしつらえた内装に、マットに仕上げたアルミ素材のカウンターがシックな店内は、自然に囲まれた本店とは全く違った雰囲気。「やっぱり、緑の見える場所がよくて」と話すのは、オーナーの石橋香織さん。都会的な和の空間ながら、窓の向こうには御所の緑が広がります。

「栗の季節になると、『モンブランが食べたいけれど、なかなか本店まで行けない』というお声が多く、街なかに姉妹店を作りたかったんです。京丹波町は、栗をはじめ、黒豆やブルーベリーなどおいしいものがたくさんあるところです。伝え方を工夫して、知っていただける機会になればうれしい」

山の懐に抱かれた本店の菓子工房で作るのは、顔の見える生産者が育てた農作物や、厳選したオーガニックの素材を使ったシンプルな洋菓子。御所西のこの店ならそれを、散歩の途中や京都旅行の寄り道でも気軽に購入できます。

旬のものを、旬の時期にいただく。それは、都市生活者であっても五感で季節を感じる一番の近道です。街から少し離れた山や水が育む豊かな実りが、みやこに秋の訪れを教えてくれます。

DATA

菓歩菓歩 京都御所西店
[かぽかぽ きょうとごしょにしてん]
MAP P217 ④　☎075-606-5264
京都市上京区堀松町419 MACHI WORK GOSYO-NISHI 1F A
11:00〜18:00　火・水曜休
@kyoto_capocapo

1
2

1.「京都・丹波極上渋皮栗のもんぶらん」(1210円)。例年10月に予約開始、数量限定。2.「バターサンド」(1個507円〜)

ベジサラ舎

作る人と食べる人をつなぐ八百屋食堂

「八百屋」の旗が揺れる入り口を入ると、みずみずしい葉野菜や泥つきのじゃがいも、季節の果物が並びます。奥の食堂でランチを終えた人々がスタッフにたずねるのは、献立に使われていた野菜や調理の仕方。「あれおいしかったわ」「焼くだけでいいの？」と、気に入った野菜を買い求めて店を出ます。

「みなさんが食べ慣れないような野菜でも、スタッフが一番シンプルな食べ方を見つけて、試作してお客さんに勧めてくれるんですよ」

　朗らかに話すのは店主の中本千絵さん。双子の育児に追われながら、「子どもにおいしい野菜を食べさせたい」一心で八百屋を開業。無農薬や有機栽培された新鮮な野菜が、食を大切にする人たちの間で評判になりました。

　生産者と対話する中で中本さんが聞いたのは「B品の野菜の行き場がない」という声。生鮮食品を扱うがゆえの、売れ残りや少し鮮度の落ちた野菜も悩みのタネでした。規格外でも品質には問題なかったり、まだまだおいしくいただける野菜を調理で生かすことができたら。そんな思いから生まれた食堂は、作る人、売る人、そして食べる人がつながり支え合うことができる場所です。

「無農薬というラベルより、まず食べて『おいしい』ってことが、一番。それを入り口にして、野菜や作り手のことを知ってもらえたら」

「おいしい」からまた食べたい、食べさせてあげたい、応援したい。西陣の街角からはじまるあたたかな輪に、まずはおいしい一膳から入ってみませんか。

1

2

1.店主・中本千絵さん。元気が出る笑顔！ 2.一汁三菜の「すこやかセット」(1480円)。主菜は月替わり

DATA

ベジサラ舎［ベジサラしゃ］
MAP P217 ④　☎075-415-0438
京都市上京区西社町179
10:00〜17:00（すこやか食堂11:30〜14:30 LO）　月・火曜休
@vejisara.sha

【季節をいただく】

築100年を超える元紡糸工房の町家空間。座敷や個室もありくつろいで食事できる

〈 MEMO 〉

わ！紅玉！ キュッと酸味があって大好きなりんごです。野菜だけでなく季節の果物も要チェック。大きさが多少ふぞろいでもおいしさに変わりはありません。

朝ごはん、どうする？

ホテルの朝食や定番の「イノダコーヒ」だけじゃない。京都の朝食の選択肢は豊富すぎて、京都旅行に訪れた友人と待ち合わせるなら、朝に約束したいほどです。

パンとコーヒー派なら、秘密の屋根裏部屋のような極細空間で最高に彩り豊かな朝食がいただける「ル・カフェ・ド・ブノワ」へ。みずみずしい季節のフルーツが心身をうるおし、バター香るパンにかぶりつく瞬間は至福です。ごはん派なら白川疏水沿いに佇む一軒家レストラン「丹」で滋味深い和朝食を。自家栽培米の土鍋ごはんと丹後半島から届く野菜のおかずをいただくと、季節の恵みをしみじみと感じます。ランチや夜のメニューもぜひチェックして。

変化球ながらやみつきになるのが、「SPICE GATE」の朝カレー。煎茶で炊いた長粒米のバスマティライスはどこまでも軽やか。薬味付きでまさにお茶漬け代わりです。

ル・カフェ・ド・ブノワ

朝からたっぷりのフルーツとカフェオレ、バタートーストの多幸感たるや。1日10食限定の「Parisのカフェセット」(3850円、カフェ・オ・レは+150円)。

DATA

ル・カフェ・ド・ブノワ
MAP P215 ①
京都市左京区川端通二条下ル孫橋町31-14
9:00〜14:00 LO (1時間制)
日・月曜・祝日休
@le_cafe_de_benoit

丹

つやつや炊きたての土鍋ごはん（おかわり自由）に平飼い卵、季節の野菜をふんだんに使った一汁三菜の和朝食。「丹の朝食」（2750円）。

DATA

丹［たん］
MAP P218 ⑤
☎075-533-7744
京都市東山区五軒町106-13
三条通白川橋下ル東側
朝食（2部制）8:00～9:00／昼食12:00～14:00 LO／夕食18:00～21:00 LO
月曜休（祝日の場合翌日休。月1回不定休あり）
https://www.tan.kyoto.jp

SPICE GATE

イメージはお茶漬け。さらさらいただく朝カレーは好みで「追い」スパイスして目覚めもシャキッと。「京風スパイス朝定食 鶏キーマと魚介出汁のカレー」（1280円）。

DATA

SPICE GATE［スパイスゲート］
MAP P215 ①
☎075-741-7554
京都市下京区寺町通仏光寺下ル恵美須之町546番地1 しきさい寺町ビル2F
モーニング7:30～11:00／ランチ11:30～14:00／カフェ＆ダイニング14:00～21:00 LO（土・日曜～16:00 LO） 火曜休
@kyotospicegate

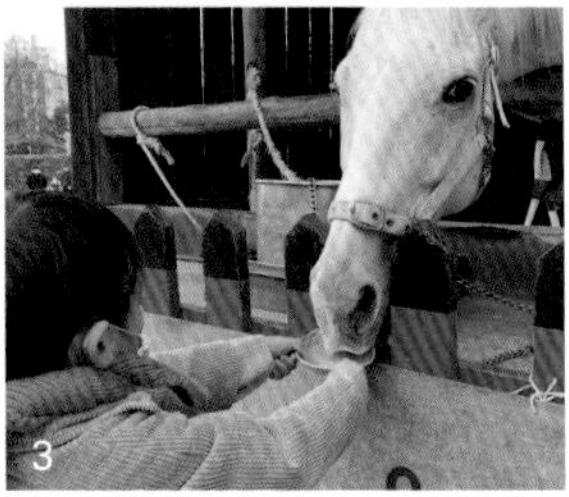

〈column 1〉

カメラロールから、ある日の京都 ①

7／4月4日 大きな桜の傘の下にいるみたいな「本満寺」（MAP P218⑤）の一本桜。写真で見るよりずっとずっと大きいんです。よくぞここまで守り咲かせてくださったと、眺めるたびに胸がいっぱいになります。

8／6月3日 新茶の季節に開かれる「吉田山大茶会」（MAP P218⑤）。色々な茶葉を飲み比べできたり、茶席が設けられたりと、まるでお茶好きのフェス！

9／6月14日 吉田山のふもとにある「YENTA」（MAP P218⑤）のパンはおおらかで滋味深く、「これさえあれば」と食卓をどっしり支えてくれるような安心感。

10／6月30日 一年の折り返しに厄除けの和菓子「水無月」を食べる「夏越の祓」は、京都では欠かせぬ風習。この年は「かぎ甚」（→P114）のほうじ茶入りを。

1／1月2日 お年賀にと求めた「亀末廣」（MAP P215①）の「京のよすが」。亀甲の小箱サイズは少人数にちょうどいい。一つひとつ愛らしくて大切にいただきました。2／1804（文化元）年創業の重厚な佇まい。

3／1月3日 少し遅い初詣は「上賀茂神社（賀茂別雷神社）」（MAP P214）へ。神馬さんに会えました。

4／2月3日 京都人にとって元日の初詣より新年らしい（？）行事、「吉田神社」の「節分祭」（MAP P218⑤）。これを節目に旧暦の新年を迎えるのです。5／境内を鬼がうろうろ。やばっ！ 目が合った！

6／3月10日 蕎麦屋「わたつね」（MAP P215①）は、うまい・安い・旬がそろった大衆食堂。大好きなホタルイカのかき揚げが始まると春の気配を感じます。

16

13

10

17

14

11

18

15

12

スマホに残った、京都暮らしの日々の記録。
お正月から夏まで、折々の行事やおいしいものをお届けします。

15／8月1日 猛暑の京都ではこんなコーヒーフロートが砂漠の泉…！「CLAMP COFFEE SARASA」（MAP P217④）は窓辺の緑も目に涼しい。

16／8月4日 祇園の天然石の専門店「ぎおん石」（MAP P216③）の上階に、こんなクラシカルな喫茶店が。レモンゼリーはキュンと酸っぱくてなつかしい味。

17／8月8日 焼菓子なのに素材のフレッシュさを感じる「坂田焼菓子店」（MAP P219⑦）のクッキーは、手土産の定番。手を加えすぎないのにセンスが生きた空間は、坂田さんのお菓子にも通じています。

18／8月12日 賀茂川沿いの喫茶店「ひめりんご」（MAP P214）のフルーツサンドは夏はスイカ入り。地元の人に愛される空気感に和みます。

11／7月7日「土用の丑の日」が近づくと、うなぎ屋の「京極かねよ」（→P106）は大忙し。厨房に注文を通すのは、タブレットでも伝票でもなく、紙の札。

12／7月10日 やっぱり夏がおいしい「中華のサカイ 本店」（MAP P219⑥）の冷麺。マヨネーズ入りのタレがキモですが、私はここの麺のもちもち感も好き。

13／7月21日「インド食堂タルカ」（MAP P215①）は、「パラパラしたお米でスパイスが穏やかに香るカレーが食べたい！」時の駆け込み寺。

14／7月30日「下鴨神社」で「土用の丑の日」前後の10日間開かれる「みたらし祭」（MAP P218⑤）は、大人も子どもも裸足になって、みたらし池をじゃぶじゃぶ歩く神事。暑い日でもキーンと体が涼しくなります。

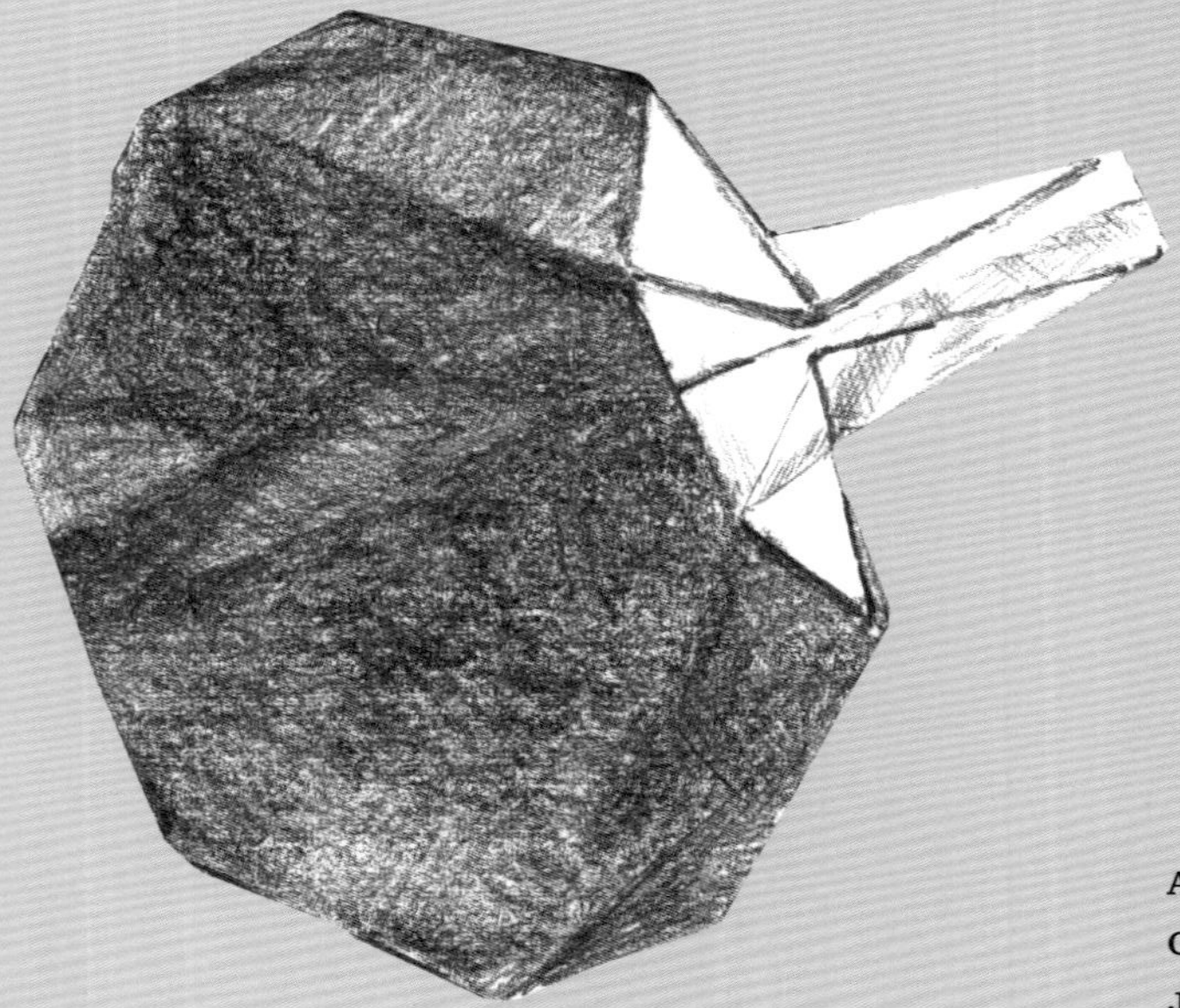

Art museum

Gallery

Japanese craft

Pottery

Mingei

Modern architecture

古今東西の芸術に出会う美術館
店主の感性で選ばれた工芸が並ぶギャラリー
作り手本人と話せるアトリエショップ。
京都は、アートやクラフトに通じる扉が
街じゅうに開かれています。
古い建物が数多く残っているため
町家の空間を生かしたギャラリーや
近代洋建築を改装したホテル、美術館も。

アートも工芸も建築も
たくさんの人に見てふれられることで、
血の通った文化になる。
京都のアートとクラフトの「今」を
探しに出かけましょう。

chapter

2 アート&クラフト探訪

京都市京セラ美術館

タイルやステンドグラスなど元の意匠を残した本館・西広間。展示室の順路になる

のびのびと街に開かれた 最新アートスポット

平安神宮の大鳥居を望むロケーションや、和洋折衷の建築意匠。岡崎地域のランドマークとして長年親しまれてきた京都市美術館に、2020年のレイヤーを重ねて生まれ変わったのが「京都市京セラ美術館」です。日本に現存する最古の公立美術館建築のリニューアルを手がけ、館長も務める建築家の青木淳氏が大切にしたのは「美術館における新たな軸線を作ること」。地域に根差した歴史的建築物の意匠はそのままに、スロープ状の大きな広場からガラス張りの地下空間へと続く、街に開かれた美術館を作りました。

敷地の東側には、現代美術館の少ない京都では貴重な同時代のアートスポットとなる「新館 東山キューブ」があり、東山を借景とする日本庭園は散策自由。エントランス前の広場やカフェ、東山キューブの屋上テラスなど、鑑賞券なしで利用できるスペースが多いのも特徴で、散歩の延長で立ち寄れるような場所があちこちにあります。平安神宮の参拝客がカフェで休憩したり、京都市動物園を訪れた家族が、屋上テラスで東山を眺めながらお弁当を食べたり…。自由でオープンな場が美術館にあることで、人の流れが生まれ、街に血が通います。

街とひと続きになった美術館は、日常とアートをもつなぎます。「美術館で展覧会を観よう」と予定して出かけるだけでなく、散歩や買い物の途中にふらりと立ち寄り、偶然アートに出会う。この美術館はそんなふうに、アートが当たり前にある街の風景になっていくに違いありません。

DATA

京都市京セラ美術館
[きょうとしきょうセラびじゅつかん]
MAP P218 ⑤　☎075-771-4334
京都市左京区岡崎円勝寺町124
10:00〜18:00　月曜休(祝日の場合は開館)
https://kyotocity-kyocera.museum

〈 MEMO 〉

光が降り注ぐガラス屋根の「光の広間」。リニューアル前は市民には開かれていなかった中庭だったとか。多機能スペースとして生まれ変わり、きっと建物も喜んでいますね。

上／地下と上階、新旧がレイヤードした建物に朱塗の大鳥居が重なる。下／人気のスポット、中央ホールの螺旋階段

essence kyoto

世界中から日本の現代工芸に出会う

光あふれるコンテンポラリーな空間に並ぶのは、シンプルで土や木の表情、窯の火の力や手仕事のぬくもりがにじむうつわ。日常使いに便利なサイズから存在感ある大皿、ひと抱えもある大壷まで、豊かな余白を保ち並んでいます。

「骨董から作家ものまで幅広くうつわが好きで。中でも、今この時代でものづくりをする日本の作り手の作品を、国内外に向けて発信したいと思ったんです」

そう語るのは、夫婦でギャラリーを営む荒谷啓一さん。長く海外で働いたのち、パートナーの里恵さんとこの店を始めるために選んだ場所は、京都でした。文化や工芸の成熟度が高く、国内外からさまざまな人が訪れる街。開店当初からバイリンガルでの発信を続け、海外からの訪問客も多いといいます。

「日本のうつわは『使う』ことを前提としているので、料理を盛ったり花をいけたりしてはじめてその美しさが引き立ちます。色や形がシンプルな分、テクスチャーやディテールに作り手の美意識が宿っていて、海外の方は『いったいどうやって作っているのだろう?』と真剣にご覧になります」

取り扱い作家は、陶芸家・小野哲平氏や二階堂明弘氏、塗師・赤木明登氏など、シンプルながら質感や表情が豊かな工芸の作り手たち。月約一度のペースで展覧会を開催するほか、お茶を通してうつわの使い方も提案できればと、オリジナルの茶葉を販売しています。現代工芸や茶の文化、美意識に宿る日本文化の粋。インターナショナルな視点でそれらを見つめたら、新鮮な発見がありそうです。

DATA

essence kyoto [エッセンス キョウト]
MAP P218 ⑤
☎075-744-0680
京都市左京区岡崎円勝寺町36-1 2F
11:00〜18:00　月曜休、不定休あり
https://essencekyoto.com

1
2

1.啓一さんと店を営むパートナーの里恵さん。シックな茶筒のパッケージはギフトにも。2.春は桜、秋は紅葉が彩る窓辺

蜂屋うちわ職店

3　1
2

1.和紙やバティック、シルクスクリーン摺りなどさまざまなうちわが並ぶ。2.半円状の刃は貼り地をうちわの形に切り抜くためのもの。3.細く割いた竹の骨を一本ずつ貼り付けていく

DATA

蜂屋うちわ職店［はちやうちわしょくてん］
MAP P218 ⑤
京都市左京区鹿ヶ谷法然院西町40
月ごとの営業日はインスタグラムを要確認
基本は土・日曜のみ営業10:00〜17:00
@hachiya_uchiwa

京うちわの新しい風、ひらり

「どうして京うちわに辿り着いたのか、自分でも不思議なんです」

京うちわ職人・蜂屋佑季さんは、週末のみオープンする自身の工房でそう笑います。大学で建築を学ぶも、興味の対象は次第に空間デザインから机の上で完結するものづくりへ。そんな時、偶然目にした京うちわに心奪われ、導かれるようにして宮城から京都へ移り住んできました。

京うちわとは、中国・朝鮮半島のうちわにルーツを持ち、京都で独自の進化を遂げた工芸品のこと。うちわの面と持ち手を別々に作るのが特徴で、古くから涼を取るためだけでなく、貴族が顔を隠すための装飾品として用いられました。京うちわの老舗「阿以波」で修業後、独立した蜂屋さんが作る作品も、細い竹の骨を60本配した伝統的な京うちわ。トラディショナルな「型」を踏襲しつつ、桂離宮・松琴亭の襖をオマージュした市松模様やインドの更紗、プラチナ箔など、さまざまな素材や模様を取り入れて表現の幅を広げています。

「限られた面積に、素材や図案をどう配置するかで印象が変わります。額装に近いかもしれません。あおぐ用途だけでなく美術品として飾ってもらえたら」

そんな蜂屋さんが今夢中になるのは、お客さま持ち込みの生地や記念の品をうちわに仕立てること。素材に宿る記憶や思いと向き合うと「自分一人では開けなかった世界が広がる」と話します。作る人と使う人のコミュニケーションから、未来の工芸が生まれる。新しい風を取り込んで、京うちわは進化し続けています。

〈 MEMO 〉

でんぷんのりで和紙を貼り、一本一本竹の骨を押さえて密着させていく作業。「昔ながらの材料を使う理由は？」と問えば「貼り替えや修理がしやすいんです」と。なるほど…サステナブル！

上／桂離宮の襖を模した市松模様のうちわ（藍4400円～）。下／蜂屋さん。貼り地持ち込みによる制作は1本3300円～

STARDUST

国内外の作り手の衣やうつわなどの工芸品のほか、鉱石や古物も並ぶ

上／「ロウケーキ」(825円)と「ハーブティー」(770円)。下／店主の清水さんの感性に共鳴して訪れる人も多数

私たちは星屑。内なる光に気づかされる

「私たちの体を作るすべての要素は、星屑と同じ」という宇宙物理学者の言葉にインスピレーションを得て、店名を「STARDUST」と名付けた、店主の清水香那さん。ヴィーガンスイーツと香り高いお茶、世界中のクリエイターの展示を楽しめるギャラリーカフェに、国内外のファンが増え続けています。ここで美しいものに出会うことは、まるで自分の内なる光に気づくような瞬間。共鳴する自分の中にも、同じ星のきらめきを見つけたような気持ちになるのです。

築約90年の長屋町家を改築した空間には、清水さんが作り手のスピリットに共感した洋服やうつわ、古物や鉱石などが並びます。国も、時代も、作り手もさまざまですが、共通するのはどこか自然の気配を宿していること。地球の長い年月が育んだ産物から環境に配慮したプロダクトまで隔たりなく並ぶ空間で、過去と未来を同時に体験するような、不思議な時間の感覚を覚えます。

「(コロナ禍を経て)訪れてくれる人や世界中でつながっている人々から、『素晴らしい世の中に変えていこう』という思いをテレパシーのように受け取っています。カフェは現在予約制ですが、おかげでお一人お一人と向き合う形を築くことができました。これからもっと『わかちあう時代』になっていく予感がしています」

ここは、観光地からはやや外れた、閑静な住宅街にきらめくひとつ星のような存在。導かれるように集まった美しい品々を愛おしみ、豊かな時間をわかち合うことができたら、世界がもっと光に満ちてくるに違いありません。

〈 MEMO 〉

オリジナルのハーブティーは美しい茶壺入り(各8580円)。清水さんが好きな『指輪物語』にちなんだ名前が付けられているそう。「ファンタジーが好きなんです」と、ふふふと笑っていました。

DATA

STARDUST［スターダスト］
MAP P219 ⑥
☎075-286-7296
京都市北区紫竹下竹殿町41
11:00～18:00　水・木曜休
http://stardustkyoto.com

ba hütte.

奥行き2メートル。立ち飲み＋本屋の極細小宇宙

「細っ！」と叫ばずにはいられない、白川通沿いのガラス張りの建物。奥行きわずか2メートルという極細の地形に建てられたこの店には、個性派建築、古書と雑貨店、立ち飲み屋という多彩な顔があります。

「建築が見たいと足を運んでくださる方が一番多いですね。次に立ち飲み、ついでに本や雑貨を買ってくださったり」

そう話す店主の清野郁美さん。書店兼雑貨店の店長を経て、同じく書店員であるパートナーと一緒にこの店を立ち上げました。「本の虫」夫婦の増え続ける蔵書をシェアするようにでき上がった書棚は、サブカルチャーやアートの本、文芸書、絵本とボーダーレス。それでいて「好きな本が安価で市場に出ているのを見つけると、『こんなに安く売られていい本じゃない』と、つい『救出』して(仕入れて)しまうんです」と笑う清野さんの言葉通り、偏愛が詰まった選書が魅力です。

酒好きの店主の趣味と実益を兼ねた角打ちには、昼間からビールやワインを楽しむ左党たちが集います。リクエストに応えるうちにメニューはどんどん本格化し、レストラン並みのクラフトビールやナチュラルワイン、熱燗までそろえるように。夕方になると、雑談ついでに立ち寄るなじみの客でにぎわいます。目的があってもなくても、名もなき道草ができる場所があることがみな、心地よい様子。「地元のおじさんから知り合いの店主や作家まで、ここで偶然居合わせた人が出会ったり、つながったりする。それがおもしろくて、やりがいみたいなものです」

1
2

1.飲み物は自分で冷蔵庫から選ぶ。2.かかっているのはオリジナルの手ぬぐい。狭さを生かしたディスプレイが楽しい

DATA

ba hütte.［バ ヒュッテ］
MAP P214 ☎075-746-5387
京都市左京区山端壱町田町38
14:00〜20:00
火・水曜休、不定休あり
@ba_hutte

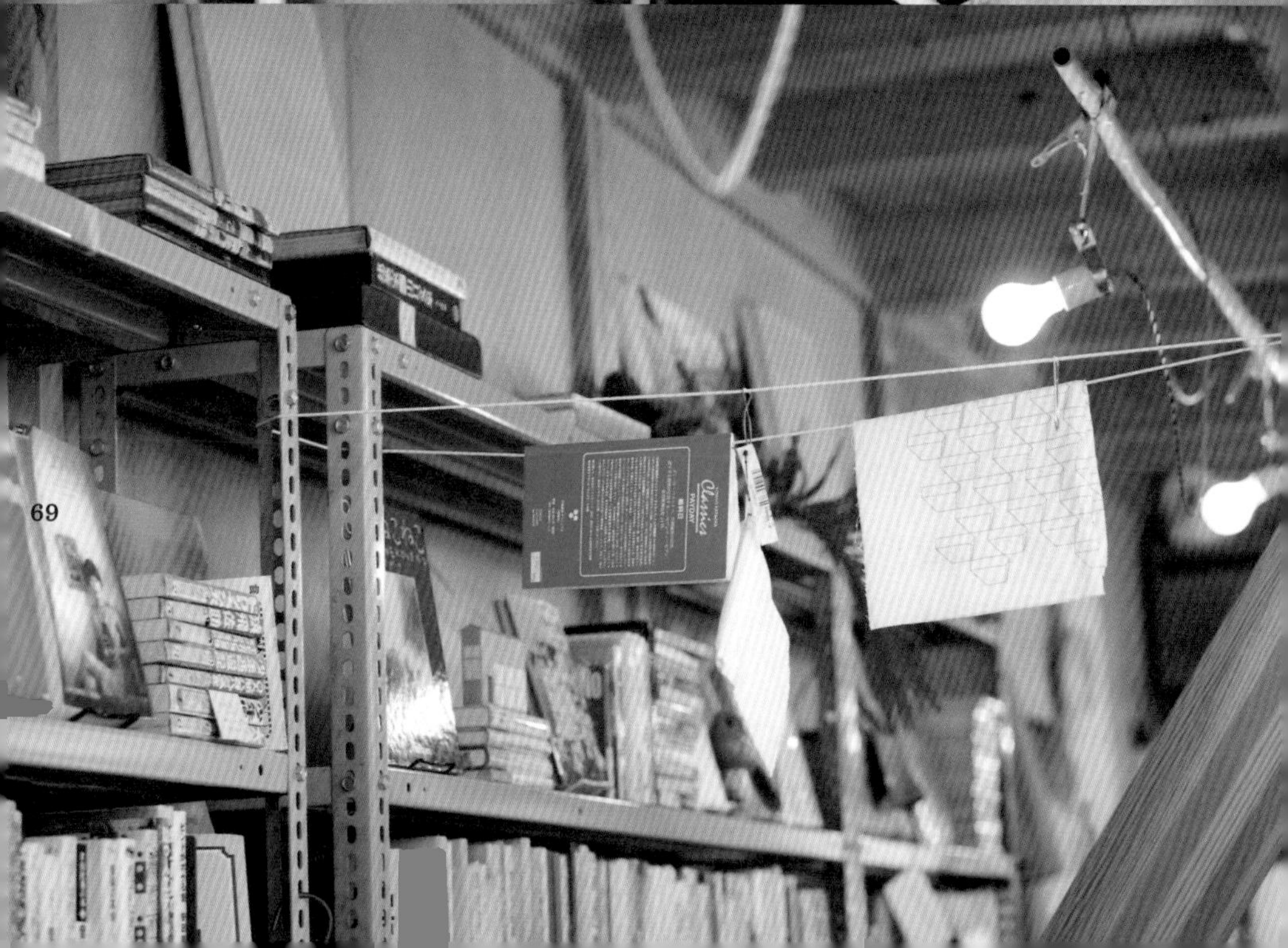

履物関づか / 岩倉AA

自由でハイブリッドな履物をおあつらえ

「履物」と聞いて何を想像しますか？　草履や下駄のような和装の足元、つっかけて外に出るサンダル、屋外で足に履くもの全般…。そのどれもが正解で、どれとも少し違う。ここで見つかるのは、自由な解釈を許された履物の形です。

「前職のご縁で老舗の履物屋に関わらせてもらったら、なぜか草履の作り方を教わることになって。簡単な造りなのに、履き心地がよく、直しながら使える。日本の履物に可能性を感じました。『これを生業にしたい』と思ったんです」

そう話すのは、店主の関塚真司さん。老舗の履物店で10年修業を積み、身につけた技術に独自の感性を加えて「関づか」流の履物を構築。木材倉庫だった建物を改装し、半分を履物のオーダーを受けるアトリエに、半分を衣服や服飾小物などを扱うギャラリーにしました。多彩な素材の台と鼻緒から好みの組み合わせであつらえる草履は、トラディショナルな形状ながら素材や配色が絶妙。台はレザーやファブリック、桐、稲わら、鼻緒はレザーから古裂《こぎれ》まで、和洋や出自もさまざまな素材を扱います。履物というカテゴリーをファッションの選択肢の一つにしたい。そんな意図に引き寄せられ、ここにやって来るのは自分軸でものを選ぶ楽しみを知る人ばかり。

新たに定義された「履物」が示すのは、装いを問わず、ルールに縛られない、履く人一人ひとりの自分らしさです。それは、思い込みを外し、自分の意思で歩くということ。新しい履物で、さあ、どこに向かいましょうか。

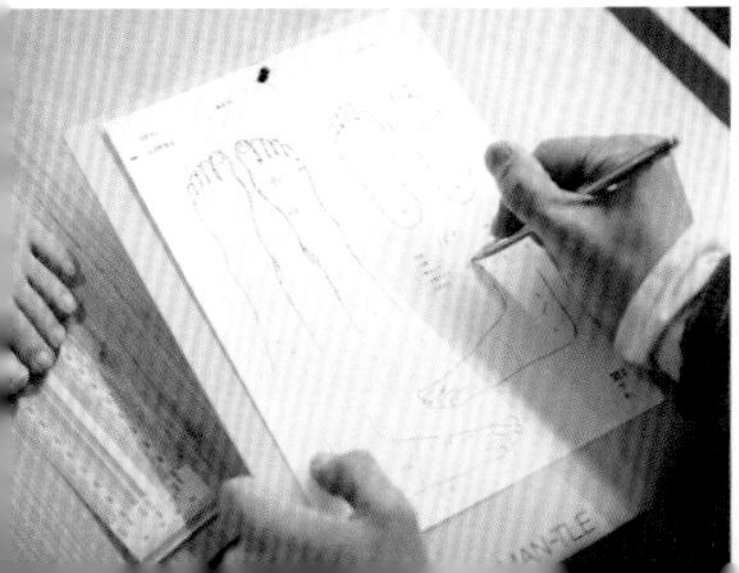

DATA

履物関づか / 岩倉AA
[はきものせきづか / いわくらアア]
MAP P219 ⑨
京都市左京区岩倉花園町642-19
13:00～18:00　水曜休
https://hakimonosekizuka.com

1
2

1.取り付け前の鼻緒。レザーやスエードから古裂まで素材はさまざま。2.畳の小上がりが関塚さんの作業場。鼻緒に手を入れてフィット具合を確かめる

ZENBI -鍵善良房-

黒田辰秋氏作。本店ショーウィンドーの飾板と同じ「宝結文」の煙草入れ

和菓子と花街が育んだ、小さな美を集めて

享保年間創業の祇園の和菓子屋「鍵善良房」の本店に置かれた、大飾棚をご存じでしょうか？　時を経ていっそう風格をたたえるその棚は、木工芸の分野で初の人間国宝となった黒田辰秋氏が制作したものです。

「12代目今西善造は、店の内装をすべて任せたいと考えるほど、黒田氏のものづくりにほれ込んでいたようです。12代目は若くして亡くなったためその夢は叶いませんでしたが、菓子箱やくずきりの螺鈿《らでん》用器など氏の作品はたくさん残されていました。『ZENBI』は、歴代当主が受け継いできた作品群をアーカイブして見ていただける場を作りたいと開いた美術館。ミュージアムショップやZEN CAFÉ、本店と併せて祇園を歩くことを楽しんでもらいたいと思っています」

15代目当主の今西善也さんはそう話します。古き良き祇園の街並みに溶け込むよう、外観はベンガラ色を思わせる錆びた鉄格子。光を取り込むテラスや吹き抜けの階段、鑑賞の小休憩となるライブラリーなどモダンな空間が広がります。

「老舗や和菓子屋というと、重厚なイメージを持たれる方もいるので、現代の感覚で『きれいだな』と感じる空間で芸術にふれていただければ」

祇園の街とともに歩んだ300年の歴史、ゆかりある作り手から託された作品は、鍵善の財産です。小さな美術館が街に新たな活気を生み、文化や芸術と出会い、心を豊かに満たす養分となる。花街と和菓子に培われた、文化と美の物語をどうぞ感じてみてください。

DATA

ZENBI -鍵善良房-
［ゼンビ かぎぜんよしふさ］
MAP P216 ③　☎075-561-2875
京都市東山区祇園町南側570-107
10:00〜18:00
月曜休（祝日の場合は営業、翌平日休）
https://zenbi.kagizen.com

〈 **MEMO** 〉

隣接のミュージアムショップ「Z plus」も要チェック。季節によって意匠が変わる落雁「うつろひ」（900円）や「あの工芸作家さんの！」とときめく小さなギフトが見つかります。

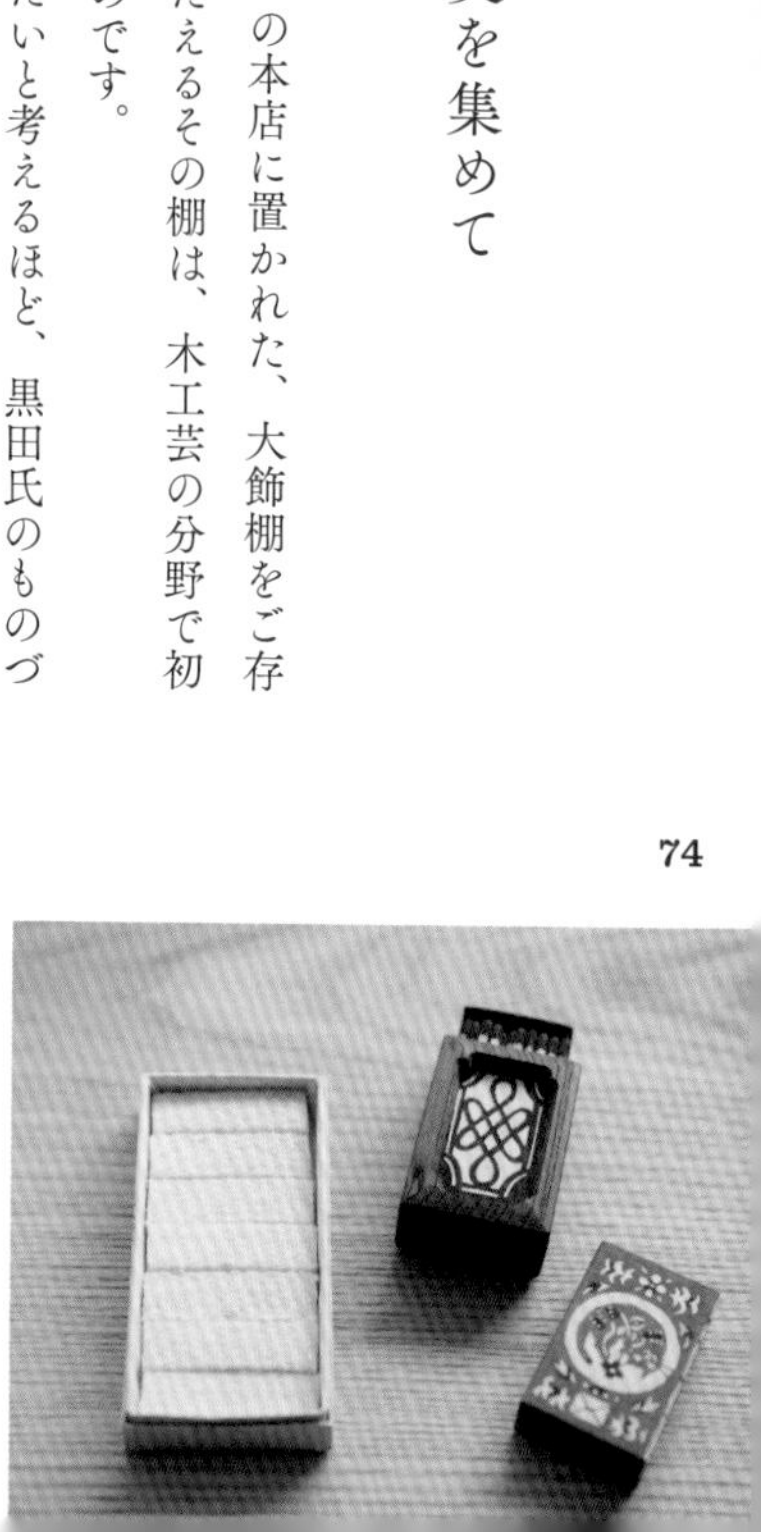

上／陰影が印象的な1階展示室。下／本店の歴史を物語る写真や、和菓子、工芸に関する蔵書などが並ぶライブラリー

HS -kyoto-

住所は非公開。現代に生きる民藝に出会う場所

祇園の雑居ビルの一室に、住所非公開の知る人ぞ知るギャラリーがあります。インスタグラムで予約をして、道案内をもらって、そっと扉を開く。その先にあるのは、趣味の合う友人の家を訪ねるような親密さが心地よい、花街の閑居です。「民藝の作り手は、田舎と都会を行き来してインプットとアウトプットのバランスを取っていた人が多い。自分たちもそういう暮らしをしたいと思ったんです」

そう話す店主のハヤシユウジさん。パートナーのカキモトユキさんと、奈良、丹後、そして祇園と、3つのギャラリーを運営しています。奈良と丹後が自然のそばでの暮らしを体現する場所なら、祇園の中心にあるここは、民藝と都市との接点。陶芸家、木工作家、竹や金工の職人が生み出したものを、暮らしにどう取り入れるか。3拠点で仕事と暮らしのありかたを表現するハヤシさん夫妻の実体験をもとに、うつわや道具が日々にもたらす豊かさを伝えています。

柳宗悦やバーナード・リーチの思想に憧れ、「用の美」を備えた民藝を集め始めたことがギャラリーを開くきっかけになったと話すハヤシさん。その審美眼は、やがて土着の民藝だけでなく現代の作り手にも向いてゆきました。今取り組んでいるのは、「自分たちが使いたい」と思う生活道具をデザインし、縁のある作家や職人に形にしてもらうこと。李朝膳、やかんなどの生活道具が、「HS」流の解釈で現代の感性にフィットする意匠へと生まれ変わります。自然と都市、作り手と使い手を行き来して生まれる新しい民藝に、直感で出会ってみてください。

DATA

HS -kyoto- ［エイチエス キョウト］
住所非公開。企画展時のみオープン。会期・営業時間はインスタグラムを要確認。インスタグラムDMにて予約後、個別に道案内を送付
@hs_kyoto_

1
2

1.ハヤシさん自ら内装や家具をデザインした、白と白木を基調とした空間。2.「HS」別注作品の一つ、ヒノキの李朝膳

アトリエシムラShop&Gallery京都本店

草木の色と人の手が織りなす美

「アトリエシムラ」は、染織家・志村ふくみ氏の孫である志村昌司さんを中心とした、次世代の作り手による染織ブランド。ここ京都本店では、シムラの染織技術と思想を受け継ぐ織り手たちによる、ストール、小物、小裂を額装したアートピースなどの品々を販売するほか、機織りワークショップやトークイベントなども開催しています。

作品に宿る穏やかな色彩は、すべて植物からいただいた自然の色。嵯峨野の工房でさまざまな植物染料を使って糸を手染めし、すべて手機で織り上げられています。藍、桜、玉ねぎ、くちなし…。染色原料となる植物はどれも、古くから染料として用いられつつ、漢方や薬草としても重宝されてきたもの。植物の色をまとうことは、身を守り、厄を除ける意味もあったそうです。

「桜で染める場合、花が咲く前の枝でないとピンク色にはなりません。咲いた後では、色のエネルギーがすべて花に注がれてしまっているからです。私たちは、命の色をいただいている。だからこそ、身にまとうと大切なものに守られているような心持ちになれるんです」

そう語る昌司さん。ここが、染織の技術や思想にふれ、自然と芸術への学びを深めていく場になればと願っているのだそう。糸を紡ぎ、植物の色を映し、人の手が織り上げる。美しい色を入り口に、自然と人の営みが一体となる「アトリエシムラ」の染織の世界をのぞいてみてください。

1
2

1.草木染めされた色とりどりの糸。2.糸だけでグラデーションや格子を表現した帛紗は、風景が浮かぶような色彩

DATA

アトリエシムラShop&Gallery京都本店
[アトリエシムラ ショップアンドギャラリー きょうとほんてん]
MAP P215 ① ☎075-585-5953
京都市下京区市之町251-2 壽ビルディング2F
12:00〜18:00 水・木曜休(祝日の場合は営業)
https://www.atelier-shimura.jp

名建築で〇〇を

戦前・戦後の近代建築が数多く残る京都。カフェやホテルなどに活用されているため、誰でも空間美を鑑賞することができます。

1909(明治42)年に「煙草王」として知られる実業家・村井吉兵衛氏により建てられた迎賓館「長楽館」は、すみずみまでときめくクラシカルな空間。ホテルやデザートカフェとしても利用できる祇園の名所です。

日本初の国際会議場で戦後近代建築を代表する「国立京都国際会館」では毎月、カフェやコワーキングスペースを開放するオープンデーが。名建築でリモートワークなんて仕事がはかどると思いませんか?

任天堂創業の地であり長年「開かずの館」だった旧任天堂社屋は、建築家・安藤忠雄氏の設計・監修によりホテル「丸福樓」に。新旧の建築美が融合した空間に泊まれるなんて、建築好きには最高の贅沢です。

長楽館

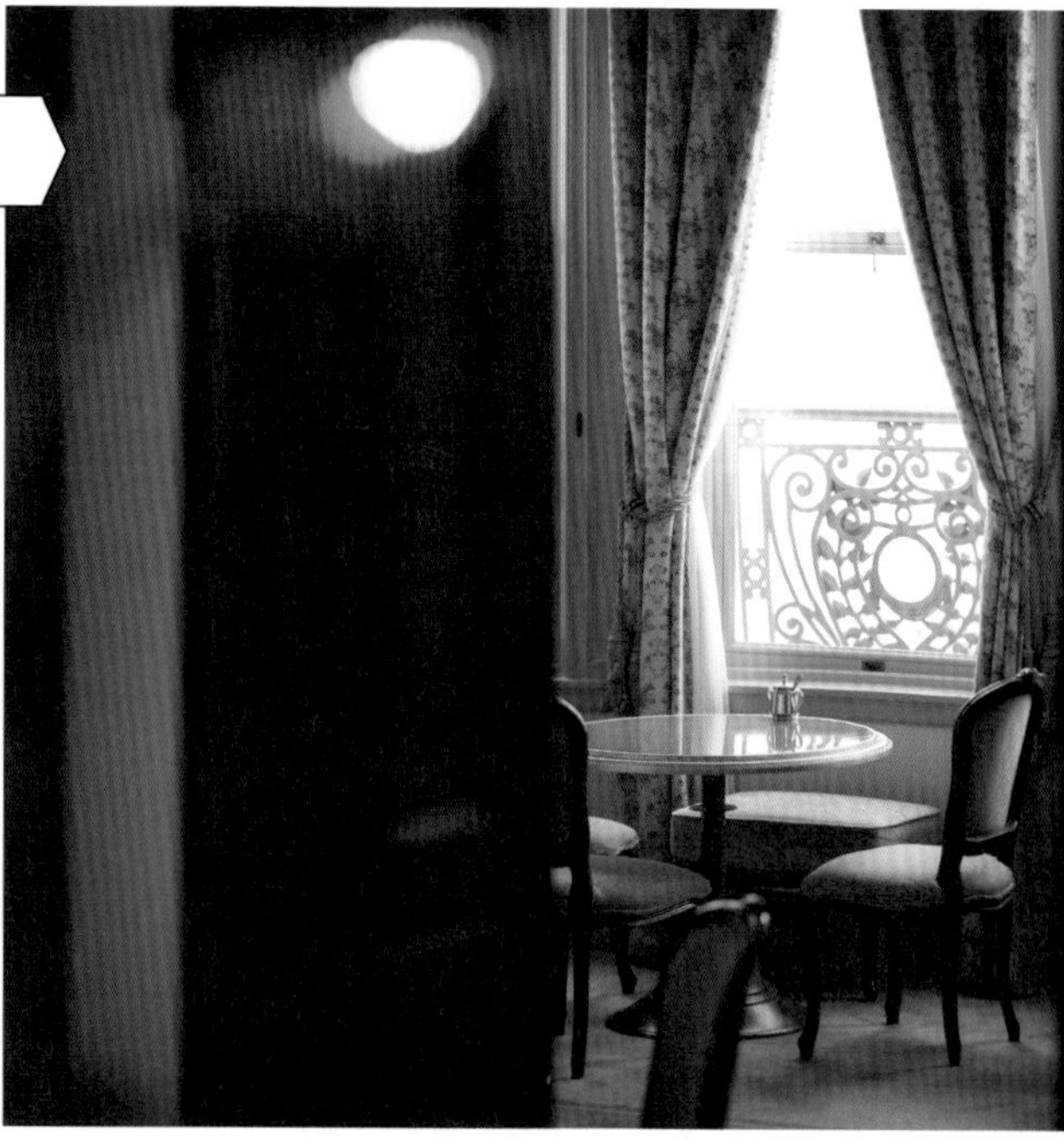

ステンドグラスやモザイクタイル、レリーフの柱など、重厚でモダンな内装は洋館好き垂涎。ホテル、レストラン、カフェがあり、写真は「デザートカフェ長楽館」内の一室「美術の間」。

DATA

長楽館［ちょうらくかん］
MAP P216 ③
☎075-561-0001
京都市東山区八坂鳥居前東入
円山町604
カフェ11:00〜18:00LO　不定休
https://www.chourakukan.co.jp

国立京都国際会館

建築家・大谷幸夫氏が国内初の公開コンペで最優秀賞を獲得し、1966(昭和41)年に竣工。近未来的で力強い空間デザインの中に、職人の技、コミュニケーションを生む仕掛けがあります。

DATA

国立京都国際会館［こくりつきょうとこくさいかいかん］
MAP P214
☎075-705-1205
京都市左京区岩倉大鷺町422
オープンデーのみ見学・飲食店利用可能(カフェ・レストランともに10:00〜16:30 LO)。スケジュールはWEBサイトを要確認
https://www.icckyoto.or.jp

丸福樓

「トランプ・かるた」と刻まれた社名板、大理石やタイルを施したロビーなど、任天堂旧社屋の名残をとどめるホテル。増築部のコンテンポラリーな空間との対比も見事です。

DATA

丸福樓［まるふくろう］
(→P200)

Long-established
store

京都では、何年からが老舗？
「うちはまだまだ」
なんて話す店主も多いけれど、
「いつも、変わらずそこにある」と
多くの人に愛されているならきっと
その資格は十分満たしています。

変わらぬ姿で迎えつつ
京都の老舗や名店が心にとめていることは
「今日しか来られない人もいる」という気遣い。

初めてでも、何度めでも
やっぱり心が満たされるのは
そんな理由からかもしれません。

chapter

3 おじゃまします 老舗・名店

品よくあっさり、京都の中華

鮮やかな朱色の円卓に並ぶ料理は、どれもシンプルであっさり、ちょっと甘め。それでいてじんわりと後を引く、奥行きのある味わいです。

「花街という場所柄、芸事や夜のお仕事に携わる人、企業の方が商談・接待などにお使いくださることが多くて。そうしたお仕事に差し障りないようにと、香辛料やニンニク、油を控えたメニューができ上がりました。本場中国の方が召し上がったら『これが中華?』と驚かはるかもしれませんね」

そう話すのは、2代目女将の永田由美子さん。祇園の一等地に店を構えながらも、手頃な価格と気さくな雰囲気で、年配客から赤ちゃん連れまでさまざまな年代に愛されます。べっこう色の澄んだ甘酢に、豚肉とカリフラワー、パイナップルのみという「すぶた」、筍やしいたけなどぎっしりの具を卵入りの皮で巻いた「はるまき」。広東系の京中華の特徴ともいえるこれらの料理は、初代が修業先「芙蓉園」で培った経験をもとに磨き上げた、不動の人気メニューです。

居酒屋代わりに気軽に立ち寄ることも、円卓が置かれた2階の個室を接待や宴会に使うことも。階段を上がると美しい櫛やかんざしが額装されていました。

「うちに縁のあった芸妓の竹香さんが残したものです。ここは元は同名の旅館でしたが、初代の父が開業する時、店名ごと託されました。『竹香を残して』と」

こってりダイナミックな本格中華ともかしこまった京料理店とも違う、気軽さと上品さを兼ね備えた京中華。末長く残したい、街の文化です。

1

2

1. 髪飾りは芸妓・竹香さんのコレクション。2. 女将の永田さん。子どものころから店を手伝っていたそう

DATA

竹香［たけか］
MAP P216 ③
☎075-561-1209
京都市東山区橋本町390
17:00〜20:20 LO
火曜休
https://gion-takeka.com

3　1
　 2

1.「はるまき」(1人前990円)。写真は2人前。2.西陣「林孝太郎造酢」のお酢がまろやかな味の決めて。「すぶた」(1100円)。3.「むしぶた」(990円)

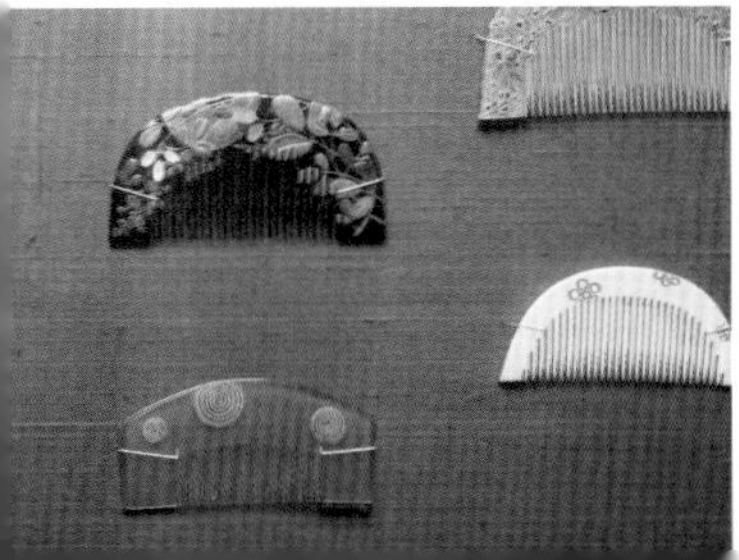

〈 MEMO 〉

櫛の歯の部分にまで施された蒔絵、螺鈿や細かな透かし彫りにうっとり。竹香さーん、お名前も髪飾りもちゃんと残っていますよ。

まるき製パン所

レトロな外観。店頭からは文字通り「飛ぶように」コッペパンサンドが売れていく

上／シンプルな角食も並ぶ。
下／さまざまなコッペパンサンドに、左は京都のご当地揚げパン「ニューバード」

おいしいのは、できたてやから

昭和の面影を残す店先に、おこづかいを握りしめた小学生から通勤途中の会社員、地元のおばあちゃん、1日に2度来店することもあるという外国人の常連客まで、さまざまな人が訪れます。みんなのお目当ては、ショーケースにずらりと並んだコッペパンサンド。揚げたてのコロッケやパリッと焼き上げたウインナーを挟んだ、ほんのり温かいコッペパンサンドを受け取ると、心までほかほかしてくるようです。

創業は1947(昭和22)年。2代目の木元廣司さんは午前3時に出勤し、最初のパンを焼きながら、6時半には店をオープンします。

「1日に何本くらい焼くか? 考えたことないですねぇ。減ったら追加してのくり返し。コッペパンなら挟む具を変えれば色んな味にできるから、売り切れでがっかりさせることがないと、先代が作り始めたんです」

特別な材料を使っているわけではないと木元さんは言うものの、コロッケやカツはすべて厨房で揚げ、あんこもクリームも自家製です。テキパキと具材を挟みながらパートの女性の一人がこう言いました。「おいしいのは、できたてやから」。焼きたてのパンに、揚げたてのカツとこぼれんばかりのキャベツを挟む。そんなの、そんなの、おいしくないわけがないじゃないですか。できる限り手作りで、作りたての味を、一人ひとりに手渡す。それこそが「まるき製パン所」の「特別な」おいしさの秘密に違いありません。

〈 MEMO 〉

パートナーの実家であるこの店を継いで50年以上になる木元さん。ご自身も子どものころから通っていたから、絶対になくしたくなかったのだそうです。かっこいい!

DATA

まるき製パン所［まるきせいパンしょ］
MAP P216 ②　☎075-821-9683
京都市下京区松原通猪熊西入北門前町740
6:30～20:00(日曜・祝日～14:00)
売切次第終了　月曜休
@marukiseipansyo

木屋町 蘭

花街の旦那衆の御用達

折り詰めにきっちり並んだひと口サイズの小さな巻き寿司。細巻きならぬ「小巻き」とは、なんとも愛らしい呼び名です。旬の味覚に自慢のお寿司を加えたコース料理がいただける「木屋町 蘭」の、もう一つの看板は、お持ち帰りの折り詰め寿司。太巻きや鯖寿司などいくつか種類がある中、こちらの「小巻き」にはこの店らしい工夫とエピソードがあります。

たくあんやきゅうりがキュッと巻かれた、古風で素朴な見た目。けれどよく見ると、イクラに鯛、脂ののったトロまでもが、行儀よく並んでいるではありませんか。小さくても、シャリよりも厚いトロや大粒のイクラの存在感は抜群。細切りにされたたくあんの小気味よい食感や実山椒のしびれるうまみなど、一つつまむたびに驚きと感動があります。

「お茶屋さんでマージャンに興じる旦那衆から『にぎりをそのまま巻き寿司にしてくれ』と頼まれたのが始まりだそうです。にぎりに使うようなネタが入っているのはその名残。常連さんの好みに合わせて色々な具材で作りますよ」

そう話すのは、3代目主人の浅岡照一《あさおかてるかず》さん。先斗町や祇園などにほど近く、仕出しの注文を受けたり、お茶屋遊び帰りのお客さまに立ち寄られたりと花街の人々に愛されてきました。欄間には芸舞妓さんが配る名入れうちわがずらり。「小巻き」の折り詰めは、そんな花街の慣習を垣間見つつ、手土産のひと品として気軽に注文できるのがうれしいところです。

1

2

1.「小巻き」(1人前5400円)。前日までに要予約。2.東京の料理店で修業後、3代目主人となった浅岡さん

DATA

木屋町 蘭［きやまち らん］
MAP P215 ①　☎075-221-0647
京都市中京区木屋町通
四条上ル鍋屋町212-6
16:30〜23:00　日曜休
https://www.sushi-ran.com

喫茶ソワレ

ぶどうや幾何学模様のレリーフが刻まれた内装。窓からは木屋町通の桜並木が

上／教会をイメージした三角屋根の空間をブルーの光が照らす。下／「ゼリーポンチ」(750円)

透き通る色のカケラをひと口

ブルーの光に包まれた空間は、繁華街にまぎれ込んだ別世界のよう。1948(昭和23)年創業のこの店には、昔も今も変わらない、淡く透き通る色彩の魔法がかけられています。「青い光は女性を美しく見せる」と語った初代の友人の提案で、空間全体を青い照明が照らす幻想的な演出に。看板メニューは、サイダーに5色のゼリーがキラキラと浮かぶ「ゼリーポンチ」。青い空間と相まってどこか妖しく、なつかしく、儚くもあるビジュアルに胸がときめきます。

「ゼリーポンチは、若くして亡くなった母の生きた証しのようなもの。それをたくさんの人に知っていただけることが、店を続ける原動力になっています」

そう語るのは、初代の孫娘にあたる現オーナー。彼女のお母さまが、牛乳嫌いの娘が食べやすいようにと考案した「ゼリーミルク」の姉妹メニューとして、「ゼリーポンチ」は誕生したのだそうです。発売から50年近く経った今も、この店を訪ねて来る人は極彩色のゼリーに夢中。セロハンのようなゼリーをひとカケラ、またひとカケラと、食べ終わるのを惜しむように大切に口に運ぶのです。

「年配の方が訪れて『何年ぶりやろう？　まだ残ってたわ、うれしい』なんておっしゃる瞬間に立ち会うと、続けてきてよかったなと思うんです」

フランス語で夜会を意味する「ソワレ」。幻想的で、色鮮やかで、心まどわすような空間は、夏の夜に見る夢のような切なさとときめきをもたらします。扉を開けて、鮮やかに記憶に残る喫茶時間を過ごしてみてください。

〈 MEMO 〉

飾られた絵は画家・東郷青児氏の作品。初代がコレクターで親交があり、グラスやコースターにも氏のイラストが使われています。喫茶店は文化人の社交場だったんですね。

DATA

喫茶ソワレ［きっさソワレ］
MAP P215 ① ☎075-221-0351
京都市下京区西木屋町通四条上ル真町95
13:00〜18:00LO
（土・日曜・祝日〜18:30LO）　月曜休
http://www.soiree-kyoto.com

ふわとろではありません

平安神宮のほど近くに、行列のできない日はない洋食屋があります。名物は、1961(昭和36)年の創業以来変わらない、薄焼き卵でたっぷりのケチャップライスをくるんだオムライス。はやりのふわとろ卵でもなければ、ナイフを入れたら花開くたんぽぽオムライスでもない、昔ながらのオムライスです。

「うちは昔からしっかり焼いた薄焼き卵。メニューもドビソースも、創業時から変えていません。いつでも昭和な、『マンネリやなぁ』を貫くスタイルなんです」

3代目主人の畠中幸治さんはそう話します。「ドビソース」とは、ブイヨンに牛すじと玉ねぎ、にんじんを入れて3週間近く煮込んだ、小宝秘伝のデミグラスソース。初代が修業していた洋食店「たから船」から受け継ぎ、現在もほとんどのメニューに使われている味の要です。

「同じものを同じように作っていても、作る人が変われば微妙に味は変わります。実際、シェフが代わった時に変化に気づく常連さんもいはって。変えようと思っていなくても、長くやっていると自然と変わっていってしまうものですからね」

畠中さんの言葉には、時代の変化に右往左往するのではなく、自分たちのペースを保ちながら流れを受け入れていく姿勢が感じられます。そのフラットな空気感こそ、3世代で通う地元客も多いという、この店の魅力なのでしょう。薄焼き卵のオムライスが流行の中心になる日が訪れても訪れなくても、「グリル小宝」はいつものまま。食べたくなったら、そこにあります。

1
2

1.「オムライス」(中・1100円)。2.高い位置からお水を注ぐ畠中さんのパフォーマンスはこの店のもう一つの名物

DATA

グリル小宝［グリルこだから］
MAP P218 ⑤
☎075-771-5893
京都市左京区岡崎北御所町46
11:30～20:30　火・水曜休
http://www.grillkodakara.com

グリル
小宝

喫茶チロル

レトロな飾り格子から光が差す窓際席。常連客はたいていお気に入りの席がある

上／二条城近くの角地に佇む。下／数十種の素材を煮込んだ特製ルーが決めての「カレーライス・ゆで卵のせ」(880円)

当たり前でかけがえのない、みんなの居場所

三角屋根の壁にCOFFEEの文字。赤と黒のストライプの軒先。レトロで愛らしい佇まいの「喫茶チロル」は、地元客から修学旅行生、外国人観光客まで、老若男女さまざまな人でにぎわいます。

創業は1968（昭和43）年。店主・秋岡誠さんのお父さまが家族で始めた喫茶店です。当時は地下鉄東西線が開通しておらず、この辺りはのんびりした地域。しかし、アットホームな居心地の良さとお財布に優しいメニューが評判になり、近隣で働く人や学生が次々と訪れるようになりました。

「僕は自分では大した取り柄もないと思っていて、20歳ごろから仕方なく店を手伝っていました。ある時、年配のサラリーマンらしきお客さんが、コーヒーを飲みながら大きなため息をついていたんです。それを見て、こんな自分でも『この人の手伝いならできるかもしれん』と思ったんです」

そう話す秋岡さん。家や職場ではつけないため息を、遠慮なくつける。ゆっくりと時間を過ごすことができる。そんな場所になれたらという思いは、40年以上店に立つ今も変わりません。メディアやSNSでたびたび紹介される影響で、店にはいつも活気がありますが、常連さんはマイペース。彼らにとって「チロル」は、当たり前で日常になくてはならない居場所のようです。

「コロナ禍やらアクシデントやら、これまでピンチになるたびに人のご縁が助けてくれました。この店の強運に、僕が一番励まされているんですよ」

〈 MEMO 〉

マッチは先代の妹さんが、ポストカードは常連のイラストレーター、ナカムラユキさんが描いてくれた絵をもとに制作。修学旅行生にプレゼントしているそうですよ。

DATA

喫茶チロル［きっさチロル］
MAP P217 ④
☎075-821-3031
京都市中京区門前町539-3
8:00～16:00　日曜・祝日休
https://tyrol.favy.jp

縄のれんをくぐれば、そこは昭和酒場

「戦後、千本通で生ビールが飲めるんが、うちと『西陣ときわ』（すきやき屋、閉店）さんくらいやったらしいですわ。戦争中の最後の配給で、お酒の4斗樽を40本もいただいたとか。信じられへんでしょう?」

そう話すのは、3代目ののれんを守る酒谷直孝さん。祇園の割烹で10年ほど腕をふるった後、2代目だったお父さまが体調をくずしたことを機に店を引き継ぎました。最盛期の「神馬」は、京都五花街の一つ、上七軒に夜遊びに向かう旦那衆で大繁盛。しかし、町の移り変わりとともに人の流れも変わり、酒谷さんが店を継いだころは「客が一番いなかった」と振り返ります。

ところが今は、男女問わず一人客でも気兼ねなく立ち寄れ、昔なつかしい酒場の雰囲気を味わえると大にぎわい。その理由は、酒谷さんの割烹仕込みの確かな腕と、自ら毎朝市場に出向いて仕入れる新鮮な魚介を使った料理にあります。「その日その季節に一番おいしいものを」という先代の教えに忠実に、日々変わるお品書きには今しか味わえない味覚がずらり。カウンターの向こうには、湯気が立つおでん鍋と酒燗器。訪れた人は「今日は何を頼もうか」と心躍らせます。

「4桁までしか計算できひん」と酒谷さんが笑う、木製のレジスターは今も現役。太鼓橋に石灯籠、瓦屋根などをしつらえた、室内とは思えぬ内装一つひとつにも物語があります。新鮮な旬の味覚を、歴史と人情とともに味わう。進化し続ける、古き良き酒場ののれんをくぐってみてはいかがでしょう。

1

2

1. 京都らしいと好評の「きずし」(1155円)。2.おでんは定番のほか「さえずり(鯨の舌)」(880円)など変わり種も

DATA

神馬 [しんめ]
MAP P217 ④ ☎075-461-3635
京都市上京区千本通中立売上ル
玉屋町38
17:00〜21:30 日曜休
https://www.shinme-kyoto.jp

京極かねよ

100年継ぎ足すタレと文化

新京極商店街のかたわらで、時を止めたかのような赤提灯の店。炭火の香りに道ゆく人がつい足を止めます。押しも押されもせぬ、ここの名物は「きんし丼」。ふかふかの玉子焼きのおふとんの下に隠れているのは…。

なんと、うなぎです。

「うなぎはもちろん、昔は卵も高級品でしたから、それらをいかに贅沢に味わっていただけるかと創業当時の料理長が考案したメニューなんです」

そう話すのは広報を務める大江紀代美さん。長年「かねよ」に勤務し、椀のフタを開け歓声を上げる人々を見てきました。江戸風に背開きにしてふっくらと蒸し、焼き上げるうなぎと、昆布だしたっぷりの京風だし巻き。その東西の味の好相性が、100年愛されてきたゆえん。創業以来継ぎ足しながら受け継がれてきた秘伝のタレは、当時の主人が「火事に遭った時、現金ではなくタレの壺を抱えて逃げた」という逸話付きの逸品です。タレだけでなく、お客さまの靴を預かる下足番という係や、注文を取ったら食券の棚から券を抜いて厨房に通す方法も、昔のまんま。

土用の丑の日や贅沢を許す日に、のれんをくぐるうなぎ屋は、思い出と深く結びついているのでしょう。3世代で通うお客さまも珍しくありません。「きんし丼」が一度食べたら忘れられないのは、見た目のインパクトだけでなく、この場所で重ねられてきた歴史も一緒に味わっているからなのかもしれません。

DATA

京極かねよ[きょうごくかねよ]
MAP P215 ①　☎075-221-0669
京都市中京区六角通新京極東入松ヶ枝町456
11:30～15:30LO／17:00～20:00LO
水曜休(火曜のみ夜営業休)
https://kyogoku-kaneyo.co.jp

1
2

1.だしの効いた玉子焼きが甘さ控えめのうなぎと好相性。「きんし丼(並)」(2800円)。2.古き良き佇まいのままの店内

梅園三条寺町店

甘党茶屋が街にある幸せ

1927（昭和2）年創業の「甘党茶屋 梅園」。京都市内に展開する6店舗のうち、三条寺町店は最も広く、レトロな内装と立ち寄りやすい立地で多くの人々に親しまれています。名物のみたらし団子やわらび餅、かき氷などの定番メニュー、手土産まで。街歩きのひと休みに、つい足を止めてしまう甘党の和みの場所です。

「梅園」を営むのは、3代目の西川葵さん。小学生のころからあんことお菓子作りが好きで、「あんこを使って、和菓子以外のお菓子も作ってみたい」という探究心から、試作をくり返していたそう。その夢は、新しいスタイルの和菓子や店舗を手がけることで、少しずつ形になっていきました。店やメニューが増えても、大切にしていることは同じです。

国産の良品を使って作ること、毎日でも食べられる味であること、たくさんの人に喜んでもらうこと。それが、初代から受け継がれてきた甘党茶屋としてのありかた。修学旅行生から外国人旅行客、地元の人まで誰もが安心して立ち寄れるのは、手頃で飽きがこない、親しみやすい甘味処だからこそです。

「甘いものは必ず要るものではないけれど…。続けてこられたということは、必要としてくれる人がいるということだと思うんです」

そう話す西川さん。老舗の形も和菓子のはやりも変化していくけれど、道行く人が、みたらしの香りや「氷」の旗につい引き寄せられてしまう気持ちは、今も昔も変わりません。街の甘党茶屋からは今日も、甘い香りが漂います。

1
2

1.レトロモダンな外観の三条寺町店。
2.かき氷は春から。「黒糖白玉＋きなこ＋黒寒天」（1230円）

DATA

梅園三条寺町店
[うめぞのさんじょうてらまちてん]
MAP P215 ① ☎075-211-1235
京都市中京区天性寺前町526
10:30〜19:00LO 無休
https://umezono-kyoto.com

梅園
氷

スマート珈琲店

京都人の「いつものコーヒー」

「やっと100年が見えてきたところです。京都ではまだまだ老舗とは言えませんが、僕が元気で続けて100周年を迎えられたらひと区切りですね」

そう語るのは、オーナーの元木章さん。京都を代表する純喫茶として知られる「スマート珈琲店」が創業したのは、1932（昭和7）年。洋食レストランとしてスタートし、戦後、食料品の入手が困難だったことから喫茶店へと転身。当時から、店頭でオーナー自ら焙煎するスタイルでした。朝は焙煎の煙が商店街を抜けて御池通まで漂い、その香りに誘われてやって来るお客さまもいるとか。

「午前中は観光の方がモーニングに来られて、夕方からは常連さんが多くなります。土日はその逆。観光客と地元のお客さまと、どっちかに偏ってはだめなんです。このバランスが大切だと思います」

旅の人と京都人が、同じ空間で時を過ごす。観光客ばかり、地元客ばかりの店ではなく、旅と日常が自然と溶け合う風景がここにはあります。

「スマートの味を覚えてくださっている人を、この場所でいつも通りお迎えする。コーヒーもホットケーキも、同じことをやっていても同じ味になりません。素材の状態や気候は毎日違うので、いつもの味にするためには少しずつ変えるんです」

どこにも行かず、何も変わらず、いつもの場所で迎えてくれる。いつも通りをいつまでも続けるために、「スマート珈琲店」は小さな努力を惜しみません。旅の思い出にも日常の隙間にも、いつもあるその店は、街の小さな奇跡です。

DATA

スマート珈琲店［スマートコーヒーてん］
MAP P215 ①　☎075-231-6547
京都市中京区寺町通三条上ル天性寺前町537
8:00〜19:00（2Fランチタイム11:00〜14:30LO）　無休（ランチは火曜休）
https://www.smartcoffee.jp

1
2

1. 補修しつつ創業時の姿を守る空間。
2.「フレンチトースト」（750円）、「珈琲」（単品600円、セット50円引き）

頼れる京都の食道具

老舗や名店は飲食店ばかりではありません。料理人や菓子職人、茶人の多い京都の文化を陰で支えるのが、食の道具。機能的で使いやすく、修理やメンテナンスができて、美しい。「用の美」を備えた道具の専門店が、街のあちこちにあります。

平日のみ営業の穴場ながら、菓子型や焼印などニッチな製菓道具もぎっしり並ぶ「堀九来堂」は、京都の和菓子店御用達の道具店。抜き型や洋菓子用などメジャーな道具ももちろんあります。丈夫で端正な編み目の京金網で、焼き網や茶漉しなどを作るのは「辻和金網」。網の張り替えや修理もできるのがうれしいですね。

オープンは2019年ですが、老舗包丁店に長年勤務し「庖丁コーディネーター」として活躍するオーナーの「食道具竹上」も注目です。オリジナルの包丁の販売のほか、研ぎ直しは「買った時より切れるようにします」との頼もしい一言！

堀九来堂

野菜にもクッキーなどにも使える抜き型はデザインが豊富。和・洋菓子の製菓道具や木型、焼印もそろうほか、オリジナルの型の制作なども依頼できます。

DATA

堀九来堂［ほりきゅうらいどう］
MAP P215 ①
☎075-231-4544
京都市中京区二条通堺町東入
観音町90
9:00〜17:00
土・日曜・祝日休
https://www.hori9raido.kyoto

辻和金網

「手編みコーヒードリッパー」(6050円〜)など現代の暮らしに合うアイテムのほか、蒸す・焼く・揚げる・洗う、と台所仕事の縁の下の力持ちになってくれる製品がたくさん。

DATA

辻和金網 [つじわかなあみ]
MAP P215 ①
☎075-231-7368
京都市中京区堺町通夷川下ル亀屋町175
9:00〜18:00
日曜・祝日休
http://www.tujiwa-kanaami.com

食道具竹上

手入れしながら長くつき合える台所道具に出会えます。「全鋼ペティナイフ」(12cm1万1660円)、「イチョウのまな板」(ミニ4290円)、「きっちんけしごむ」(990円)はサビやコゲ落としに。

DATA

食道具竹上
[しょくどうぐたけがみ]
MAP P216 ②
☎075-802-3378
京都市下京区黒門通高辻下ル杉蛭子町238-2
10:00〜17:00
日曜休
https://kyototakegami.com

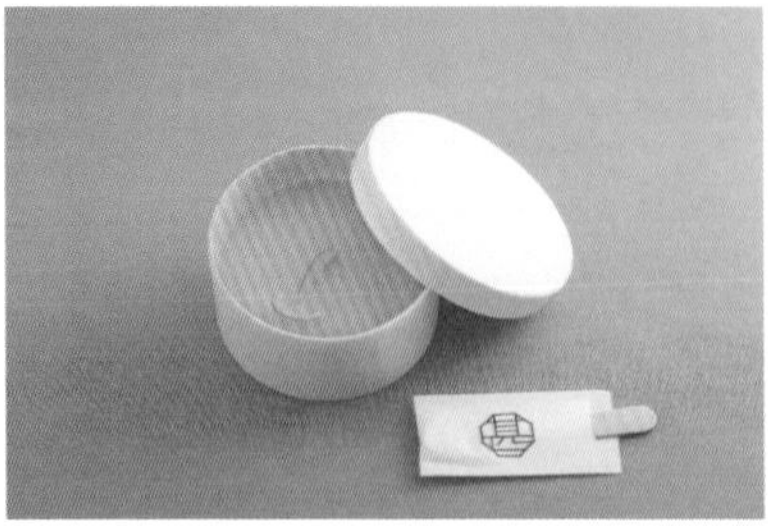

かぎ甚の「白味噌水ようかん」

みずみずしい口溶けにふわりと柚子が香る。白味噌は料亭御用達の「山利商店」製。お好みで付属の山椒をかけて。972円(6月初旬〜9月初旬の夏季限定)
☎075-561-4180　MAP P216③　京都市東山区大和大路通四条下ル小松町140　9:00〜17:00(火曜16:00)　水曜休　https://kagijin.base.shop

鍵善良房 四条本店の「季節の上生菓子」

繊細に季節を表現する上生菓子。店頭には折々の意匠の上生菓子が並ぶほか、「季節の上生菓子4種セット」(2400円)はオンラインでも注文可能。
☎075-561-1818　MAP P216③　京都市東山区祇園町北側264番地　9:30〜18:00　月曜休
https://www.kagizen.co.jp

column 2

おぼえておきたい京都土産

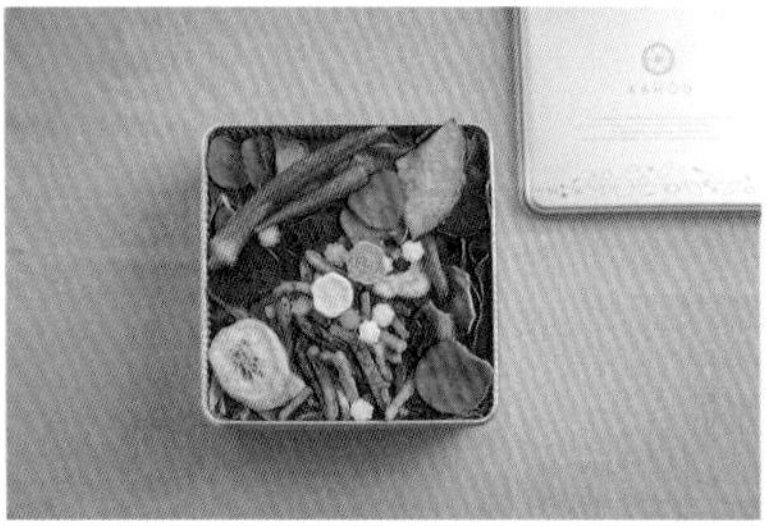

果朋の「果朋富貴よせ罐《かん》」

季節のモチーフを集めた干菓子のスタイル「ふきよせ」を、野菜や果物のチップス、かりんとうなどで表現。お茶請けやお酒のおともに。2970円
☎075-821-0155　MAP P217④　京都市中京区西ノ京職司町67-99　10:00〜18:00　火曜休
https://kahou.kyoto

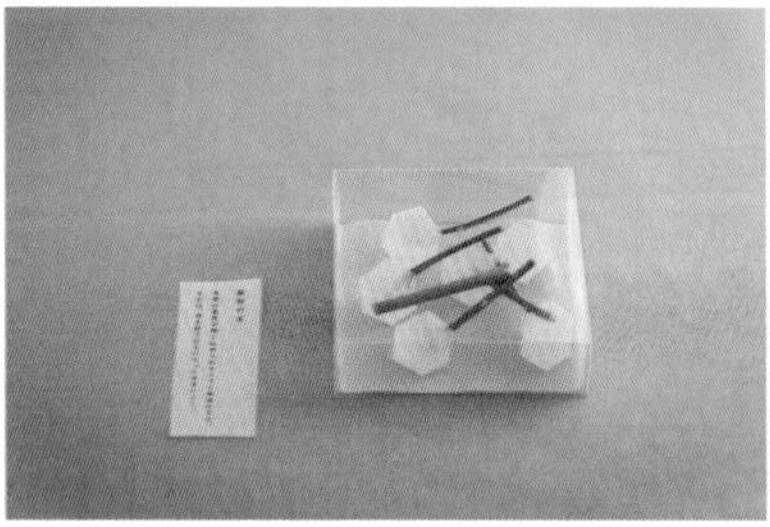

御菓子丸の「鉱物の実」

その時々の柑橘を使い結晶に仕立てた琥珀糖。あしらった枝はクロモジ。和菓子の起源と新しさを同時に味わうようなひと品。1296円
[取扱店]木と根　☎075-352-2428　MAP P215①　京都市下京区燈籠町589-1 1F 12:00〜17:00
日・月曜休、不定休あり　@kitone_kyoto

食堂おがわの「脳天逆落し柚子胡椒」

予約が取れない人気店の自家製調味料が「YOLOs」でなら購入可能。突き抜けた辛さとフレッシュな香りが絶品。1200円(不定期入荷)
[取扱店] YOLOs ☎075-252-5900 MAP P215 ① 京都市中京区橋弁慶町228 101号 11:00～19:00 月曜休、不定休あり https://yolos.jp

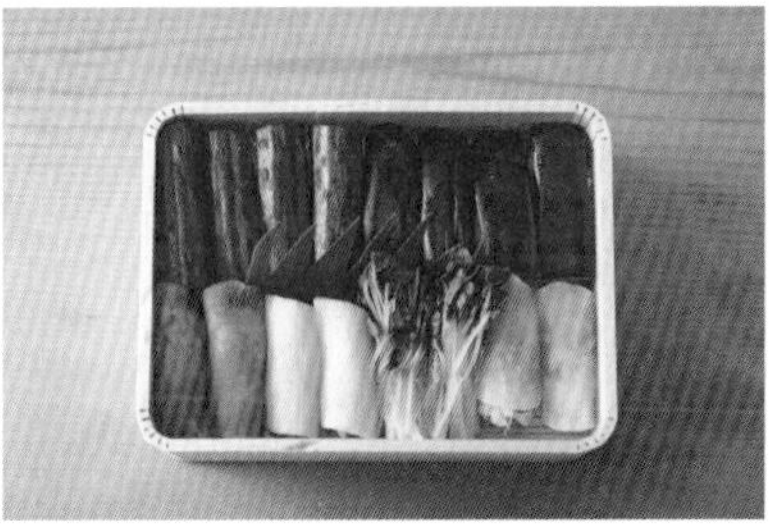

木屋町 蘭の「お漬け物寿司」

店ではコース料理の締めにお茶漬け代わりに出される一品。持ち帰りのみでも注文可能。きゅうりや茄子、かいわれなど自家製の漬物に、木の芽や山椒、生姜などをアクセントに忍ばせて。前日までに要予約。2人前4320円 DATA→P92

京都の粋やもてなしの心が詰まった土産もの。
日持ちが短かったり予約が必要なものもありますが、その分やっぱりおいしいです。

京都珈琲焙煎所 旅の音の「コーヒー豆」

左京区の焙煎所＆カフェが手がける、煙草の箱のようなパッケージのコーヒー豆。デザインはもちろん産地や焙煎度の違いを楽しんで。150g1320円～ ☎090-9117-7241 MAP P218⑤ 京都市左京区田中東春菜町30-3 THE SITE A 12:00～18:00 月曜休(物販は営業) https://coffee.tabinone.net

じき宮ざわの「焼胡麻豆腐」

スペシャリテの「焼胡麻豆腐」を自宅で再現できるセット。胡麻豆腐はグリルなどで温め、胡麻クリームと煎りごまをたっぷりかければたちまち名店の味に。上品なパッケージは手土産や贈り物にも喜ばれる。姉妹店の「ごだん宮ざわ」でも取扱い。DATA→P30

MAP P218⑤　☎075-771-0915　京都市左京区浄土寺真如町82　9:00〜15:45最終受付　境内無料、書院・庭園拝観料500円（特別拝観期1000円）　https://shin-nyo-do.jp

真如堂（真正極楽寺）／三重塔、参道や本堂裏の敷きもみじなど、小さな境内に見どころが詰まった隠れ寺

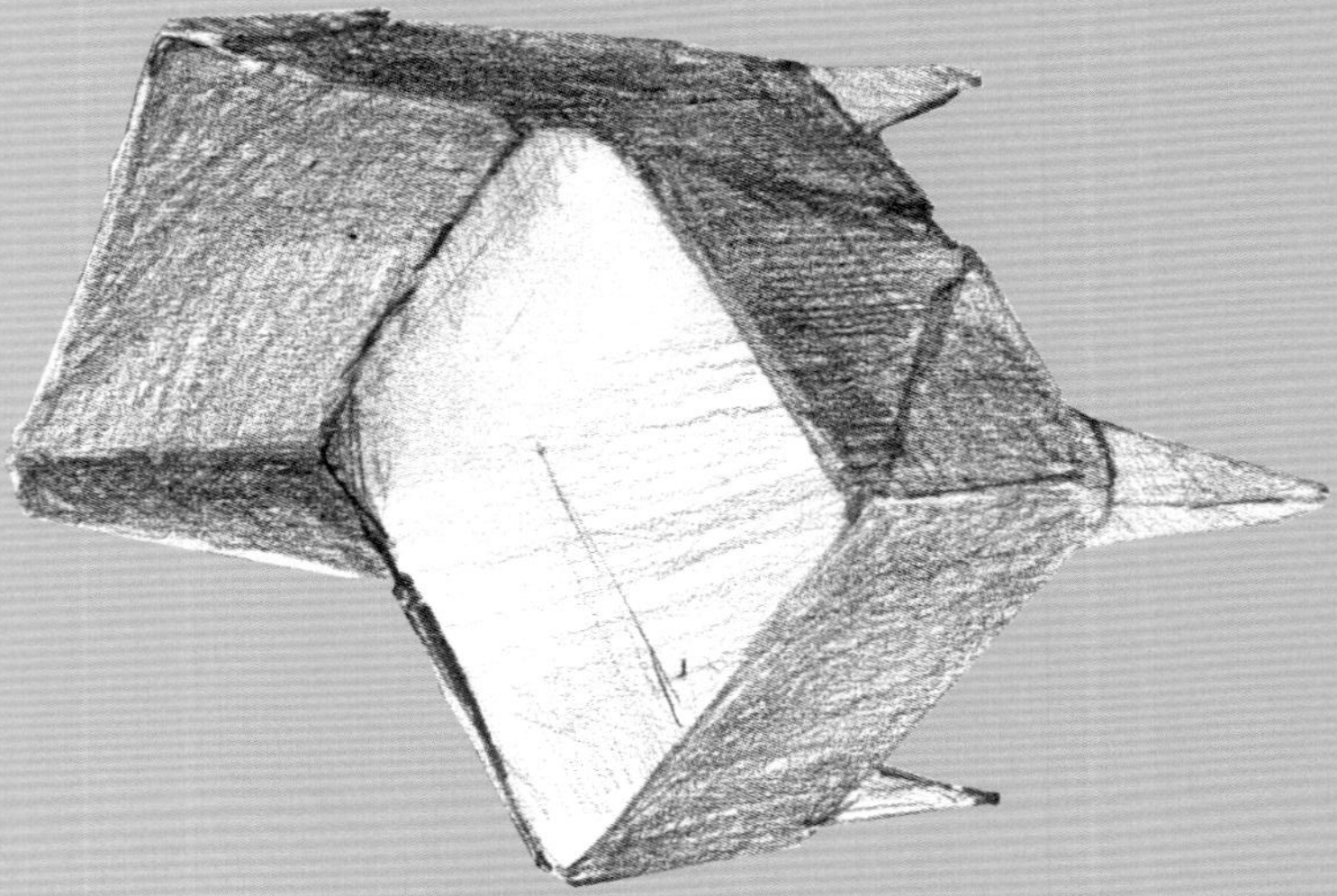

Flea market

Antique

Vintage item

chapter

4 古いものと出会う

京都では、茶の湯や料理、いけばななど
古いものを取り入れて
愛でる文化が成熟しています。

そのためか、蚤の市は毎月開かれ、
店主の目が利く古道具店
アンティークショップなどもたくさん。

骨董のうつわを別の何かに見立てたり
ガラクタのような道具をオブジェにしたり
自由な感性で楽しめば、
古いもの探しは宝探し。
国や時代、価値にとらわれず
自分だけの宝物を見つけてください。

ヨーロッパや東欧の古いものを扱う「民の物」は、ほぼ毎月出店。暮らしに取り入れやすい品が並ぶ。実店舗もあり(→P140)

上／平安神宮の大鳥居を望む広場。観光ついでても立ち寄りやすい。下／日本の古いうつわやランプシェード、酒器など

変なひと、謎な店。雑多だからこそおもしろい

毎月10日前後。平安神宮前の岡崎公園に鮮やかなのぼりが立ちます。参道の両側と広場に並ぶのは、約150の古物店。アンティークショップや骨董店はもちろん、少し前の時代のレトロ雑貨からガラクタ同然のジャンク品まで、和洋問わず古いものを扱う店が集まります。出店条件は、古物を販売することと古物商の許可を受けていることのみ。自由で、雑多で、あらゆる価値と人種がまざり合う蚤の市独特のおもしろさは、そこから生まれています。

「『この人何モンなんやろ?』って人がいるのが、蚤の市やと思うんです」

そう話すのは、主催で古道具店「Soil」の店主・仲平誠さん。同世代の古道具仲間と何度かマーケットを開催し、出店者を厳選したイベントの良さも理解したうえで、今京都に根づかせたいのは、年齢もジャンルも越えた多様性そのもののような市だと気づいたそう。さらに、日本人の審美眼にも注目しています。

「海外の蚤の市をよく訪ねますが、多くの国では『自分たちの国の古いもの』を売っています。でも、日本の古道具屋の感性はちょっと独特なんです。日本のものと海外のものを組み合わせたり、何かに見立てたり、質感に目をつけたりするのがすごくうまい。平安蚤の市が世界中から人が訪れる市になって、『日本人が選んだもの』を広く世界に見てもらえる場にしていきたいんです」

市民や旅行客に広く開かれ、その国の文化やセンスが息づくマーケット。日本を代表する蚤の市になるべく、「平安蚤の市」は今まさに躍進中です。

〈 MEMO 〉

美しい卵の絵。古い図鑑の1ページでしょうか。…と、その隣にはソフビ人形！店主のセンスが垣間見える、こういうところが蚤の市の醍醐味です。

DATA

平安蚤の市［へいあんのみのいち］
MAP P218 ⑤
京都市左京区岡崎最勝寺町、他
9:00～16:00
毎月ほぼ10日開催（天候による開催有無は前日17時までにSNSで発表）
@heiannominoichi

dialogue

語りかけてくるものとの一期一会

古き良き銭湯であり国の登録有形文化財でもある「船岡温泉」の離れに、一軒の古道具店があります。静物画のようなボトルや色あせた紙箱が目にとまるたびに、それらがかつてどこで何に使われてきたものかを静かに話してくれるのは、店主の田中健太郎さん。年に3、4回ほどヨーロッパを中心に買い付けに出向き、自身の目で美しいと感じた古物だけを仕入れています。

「アンティークには、ある程度価値が約束されていて数がそろうものもありますが、僕はそういうものよりも、数がないものを探すのがおもしろい。新しいものを発見したいといつも思っています」

そう語る田中さんは、元は広告業界のハードワーカー。海外の蚤の市や東京の古道具店で好みの古物を買い集めるうちに、時を経たもの特有の味わいや、背景にある物語にどっぷりとハマっていきました。買い付けの指標は、世の中のニーズや希少度ではなく、自身の感覚。蚤の市で大きく広げられている売れ筋の品よりも、段ボールの奥底に隠れているようなものにこそ、心が動くと話します。

一見ガラクタのように見えるものの中から、店主が選んだもの。誰かが同じように美しいと目にとめた瞬間、「もの」と人との対話は始まります。信頼できる審美眼を持つ道具商が取り持つのは、そんな「もの」との一期一会。古びた銭湯の離れの一室で、時を超え、海を渡って、人とものとの出会いはくり返されています。

1

2

1.ヨーロッパの古い道具やオブジェが並ぶ。2.静物画のような一角。フランスやイギリスの陶ボトル、瀬戸の徳利など

DATA

dialogue［ダイアローグ］
MAP P219 ⑥
☎075-406-1497
京都市北区紫野南舟岡町82-1
13:00〜18:00　水・木曜休
@dialogue_antiques

In Epiphania Domini
Quoniam Deus magnus Dñs. * & Rex
magnus super omnes deos.

3 1 2

1.店主の田中さん。古いものが好まれる風土と理想の物件を探すうちに、ここに辿り着いた。2.繊細ながら素朴さも宿るクロッシェの見本。3.古いガラスは気泡やユラユラした表情が魅力

〈 MEMO 〉

カゲロウと草花が描かれた、18世紀フランスの絵皿。「売るのが惜しくならないですか？」と田中さんにたずねると「なりますよ」。そう言われるとますます欲しい…！

D+E MARKET／FLUFFY&TENDERLY KYOTO

和の空間に、木彫作家・神崎由梨氏の天蓋とアンティークがしっとりと調和する

京町家とアンティークが出会ったら

築100年を超える町家には、床の間に欄間、通り庭、土間といった日本家屋特有の造りが残ります。和の空間ながらどこかオリエンタルなムードは、元中国骨董店だった名残。兵庫を拠点に、設計・施工からアンティークショップまで幅広く手がける「DEN PLUS EGG」が京都に出店するきっかけになったのが、この建物との出会いでした。ヨーロッパのアンティークの家具や食器を扱う「D+E MARKET」、上質なリネンなどの生地がそろう「FLUFFY&TENDERLY」、二つのショップが一つの空間に同居します。

「ヨーロッパには、古い建物を大切に残す文化があります。日本は災害が多く木造建築が多いため、どうしても建て替えることになってしまう。日本でも古い建物と街並みを残す場所を作れたらと、できるだけそのままにしたんです」

そう語るのは、店長の平田奈津美さん。洋のアンティークやジュエリーが並ぶ空間ですが、内装を洋風にリノベーションしなかったのはそんな思いからでした。不思議なことに、エレガントな絵皿やグラスも、クラシカルな家具も、畳や襖の空間にしっくりと調和。大正時代の西洋趣味の主人の館を訪ねたような、東洋と西洋のマリアージュを体験できます。

古い建物と現代のライフスタイル、和の空間と洋のアンティーク。一方に合わせて変えるのではなく、それぞれの持ち味をそのまま生かし、響き合わせる。過去と現在、西洋と東洋が調和する心地よさのヒント が、ここにはあります。

DATA

D+E MARKET／FLUFFY&TENDERLY KYOTO［ディープラスイーマーケット／フラッフィーアンドテンダリー キョウト］
MAP P215 ①　☎075-741-6968
京都市中京区橘町616
土・日曜12:00～18:00　月～金休
https://demarket.shop

〈 MEMO 〉

染色家キルステン・ヘクターマン氏の作品に出会えるのは、日本ではここだけ。手染めのベルベットのクッションカバーは、今後の入荷が未定のレアアイテムだとか。お早めに！

上／フランスや英国の食器、生活道具が豊富。下／アルチザンタイルやヴィンテージの実験用テーブルをアレンジしたキッチン

ARUSE

あたたかくて小さな光の豊かさ

頭上から足元まで、さまざまなデザインの照明に囲まれた空間に足を踏み入れると、発明家の部屋をのぞき見るようなワクワク感に胸が高鳴ります。

「装飾品としての照明ではなく、あくまで道具として作られた、用に徹する形に惹かれます。例えばトラブルランプというガレージで作業用に使われるランプは、持ち運びできるハンドルと引っ掛けられるフックが付いているんですよ」

そう話すのは、店主の有瀬肇さん。ヴィンテージ照明の魅力にとりつかれ、日本の古いものやヨーロッパのアトリエランプ、アメリカの工業用製品などを買い付け、メンテナンスして販売するようになりました。プラスチックが普及していなかった時代、照明のパーツは木製、金属、ガラスがほとんど。サビや変色、古いガラスならではの気泡やゆらぎは、現行品にはない味わいです。

本来ランプシェードではない道具やパーツを、シェードのない照明や裸電球と組み合わせてリメイクするのも有瀬さんの仕事の一つ。漏斗や空き瓶、アルコールランプのガラス部分など、佇まいの美しい古物を見つけて照明の形にぴたりと合わせられると、新たな命を吹き込んだような喜びがあるのだとか。

「現代の住宅は『明るさ＝豊かさの象徴』のようなイメージがあるように思いますが、もっと光と影を味わう住まいがあっていいと思うんです。LEDに比べると、白熱灯は暗いかもしれないけどあたたかさや柔らかさがある。一つひとつは小さな光でも、組み合わせることでグッと空間に表情が生まれますよ」

DATA

ARUSE［アルセ］
MAP P217 ④
京都市上京区相国寺門前町699
木〜土曜13:00〜18:30最終入店
日〜水曜休
@aruse_kyoto

1
2

1.陶器のソケットや真鍮製のスイッチなど。2.日本や欧米のヴィンテージ照明、パーツ類や古道具も並ぶ

oud.

清水焼の工房跡に、新旧織りなす衣と住

五条坂を下りた路地のどんつきにある、錆びたトタン板の小屋。扉を開けると、外観からは想像もつかない開放感と武骨さを併せ持つ空間が広がっています。よく見ると、柱には新しい木で継いだ跡があり、奥にはろくろの作業場が。実は、ここは清水焼の工房跡地。大正時代に建てられ、使われなくなってから30年以上物置のような状態になっていた工房を、店主の岡部成幸さんが譲り受けました。

「紹介してくれた不動産屋さんが、古い建物の価値を見直し、再生して後世に残すプロジェクトやまちづくりを手がける方で。陶芸工房の名残や古い建物ならではの味など、生かすところは生かし、光の降り注ぐ空間にしました」

工房らしい粗削りな造りを残しつつオープンな空間に並ぶのは、ヴィンテージのヨーロッパの作業衣やミリタリーウェア、岡部さんが買い付けてリペアした古家具と、現代工芸作家のうつわ。今では貴重な手織りの生地が用いられた作業衣は、繕いやほころびも味わい深く、岡部さん自身も愛用しているそう。

「古いものはそれ自体に経年の味わいがありますし、現代の作家の作品は質感や表情に作り手らしさや自然の風景が宿ります。新旧問わず、そこにまた時間を重ねていく楽しみを知ってもらえたらと思います」

アトリエコートを繕い、朽ちかけた柱に新しい木を継ぎ足すように、使う人の「今」を重ねて、ものや空間を育てる。そんな知恵の積み重ねが、暮らしを愛おしくするに違いありません。

1

2

1.経年変化した木の表情が味わい深い古家具が並ぶ。2.新旧の柱が交ざる倉庫のような雑多な空間

DATA

oud.［ウード］
MAP P214
京都市東山区慈法院庵町588-9
11:00〜18:00
水曜休、不定休あり
https://www.oud-shop.jp

用 水

二十日

糺の森への抜け道にひっそり。古道具と山野草の店

下鴨神社の参道でもある「糺の森」に通じる路地に、静かに佇む一軒の古道具店。日本、北欧、インドや東欧から買い付けられた古物や雑器に交じって、季節の花や寄せ植えがそこかしこに並びます。

「置いているものは、故事来歴よりも『日々の暮らしに合うかどうか』。今のインテリアにフィットして、実際の暮らしに役立つものを選ぶようにしています」

そう話すのは、店主の栗山葉子さん。日本の古い陶磁器や漆器、かごやざる、北欧のヴィンテージからインドの手紡ぎ手織りの布まで、並んでいるものは出自も時代もバラバラですが、ちゃんと「今」の暮らしに居場所が見つかる佇まいです。

山野草を扱い始めたのも、古いものを暮らしに取り入れるアイデアの一つとして。白磁の酒器に季節の草花をあしらったり、農具のかごに小さな鉢植えを入れたり…。そうしたしつらえを提案していると、一輪の野草が古いものと現代の暮らしをグッと近づけてくれると気づきました。

「野の花を飾るときは、日陰だったり、水辺だったり、生きる場所が同じ草花を組み合わせることを心がけています。時々雑草が鉢植えに芽を出すんですが、姿形が好きだったらそのままにして景色を楽しむんですよ」

自然を、季節を、暮らしの営みを、ありのままに慈しむ栗山さん。遠い国や時代からやって来た古い道具にいのちを宿らせるのは、今この季節に身近に咲く草花と、それを愛でる人のまなざしに違いありません。

DATA

二十日［はつか］
MAP P218 ⑤
☎075-201-9315
京都市左京区下鴨森本町13-6
11:00〜18:00　火・水曜休
@hatsuka.kyoto

1
2

1.古道具は国や時代をミックスして。2.山野草の鉢植えも豊富。左から2つめは下鴨神社の神紋でもある「フタバアオイ」

古い道具

名もなきものの、小さな声に耳を澄ませて

嵐電の小さな駅から、住宅街の細道をてくてく歩いた先にある看板のない店。「古い道具」は、週に一度、土曜日だけオープンする古道具店です。

店主の冨永淳さんが国内の蚤の市で見つけた、古いうつわやガラス、玩具、生活の道具。多くは日本のもので、用途のあるものもないものも交ぜこぜ。年代は、古いものでは縄文時代にまでさかのぼります。棚の上の小さな存在にふと目がとまる。無作為に並んでいるように見えるものが、どこかリンクしている。ここでさまざまな古いものを眺めていると、そんな不思議な感覚にとらわれます。

「『おおきな声を出さないもの』に惹かれるんです。存在感のあるものではなく、こっそりとあるもの、じんわりくるものに。ものにとって古道具屋は最後の砦です。僕が見つけることで、別の価値が生まれたらうれしいです」

冨永さんは、業者向けの市場やオークションではなく、一般の人でも行くことができる蚤の市に早朝から出向き、心に響くものを探して回ります。誰でも行ける場所で、誰の目にもとまらないものを見つける。すくい上げられた品々は、彼の視点で並べ、編集された途端に、一枚の風景を描き始めるのです。

この店に並ぶものの中には、ものとしての名前さえない品もたくさんあります。ちびた鉛筆、子どもの工作、英単語帳の一片…。見つけなければ捨てられていたかもしれない、いつかの誰かの暮らしのつぶやき。その小さな声が聞こえたなら、名もなきものを美しいと感じる心は、私たちの中にも確かにあるはずです。

DATA

古い道具［ふるいどうぐ］
MAP P219 ⑦
京都市北区等持院南町68-1
土曜のみ11:00〜17:00
日〜金曜休
@furuidogu

1
2

1.アルミのカップ、色あせた紙の箱など。
2.黄色い毛糸はどこに続く？　アートのようなディスプレイもおもしろい

まだまだあります古いもの

料理に、花に、暮らしの中に。京都には、古いものを日常に取り入れ、さまざまに愛でる文化が根づいているなと感じます。どこの駅にもエリアにも1、2軒、ひいきの古道具店があるんですから。

「平安蚤の市」でもよくのぞく「民の物」は、ヨーロッパや東欧など異国の風土が香るような品ぞろえ。ヴィンテージの布ものや箱などが豊富な「BROWN.」は、生地や収納が必要になると「あそこならあるかな?」とピンとくる一軒です。どちらも現代の暮らしになじみやすく、雑貨やインテリアとして楽しめる品が豊富です。

古いものつながりで古書も、新刊本にはない出会いや古い装丁の味わいが楽しいもの。叡電の線路沿いに立つ「マヤルカ古書店」は、京都の本好きの蔵書が自然と集まってくるという魅惑の古書店です。近隣の「恵文社一乗寺店」と併せてぜひ。

民の物

旅やフォークロアな暮らしの風景を想起させつつ、日常で使う姿がイメージできるものを見つけるセンスに脱帽。最近は現代工芸作家の企画展なども開催しています。

DATA

民の物［たみのもの］
MAP P215 ①
京都市上京区河原町丸太町上ル出水町253 春日ビル4F
12:00〜18:00
水〜金曜休
@_tami_no_mono_

BROWN.

アメリカやヨーロッパで買い付けた、おおらかで味のある古家具や古着、キルトやラグなどが豊富。ヴィンテージの生地で仕立てたオリジナルのクッションやバッグも必見です。

DATA

BROWN.［ブラウン］
MAP P217 ④
☎075-211-3638
京都市中京区正行寺町679
12:00〜19:00
水曜、第3・4木曜休
https://brownkyoto.jp

マヤルカ古書店

タイトルを眺めているだけでワクワクする書棚は、「大切に読まれてきたんだな」と感じる本ばかり。ディスプレイがこまめに入れ替わるため、訪れるたびに出会いがあります。

DATA

マヤルカ古書店
［マヤルカこしょてん］
MAP P218 ⑤
☎090-1039-5393
京都市左京区一乗寺大原田町23-12
11:00〜18:00　火曜休
http://mayaruka.com

Seasonal scenery
Best experience

心がふるえるような絶景を眺めること。
豊かな時間を体験すること。
文化を学び、人とのつながりを実感すること。

単なる買い物や食事とはちょっと違う。
そこで過ごす時間そのものが
プライスレスに感じられるような体験は
日々の合間に与えられた、ギフトです。

遠くまで足をのばしたり
予約をしたりと
ひと手間をかけても
その分、「来てよかった」と胸がいっぱいになる。
そんな景色や体験を、自分に贈ってください。

chapter

5 心うるおす景色・体験

平野神社

60種が次々咲き継ぐ、桜のリレー

神門前の枝垂れ桜「魁《さきがけ》」が3月中旬に開花すると、桜のリレーは幕を開けます。ほぼ時を同じくして、正面鳥居を入ってすぐの末社・八幡社前で、濃い桃色の「陽光」が開花。ここから、ソメイヨシノや枝垂れ桜が次々と境内を彩り始め、4月初旬には最も多くの品種が同時期に咲くピークを迎えます。

植えられた桜は約60種400本。「平野神社」発祥の珍種も多く、境内はまるで桜図鑑です。これほどまでに多いのは、平安時代に花山《かざん》天皇が境内に桜を手植えし、その後も公家の人々がよみがえりや繁栄を願って希少な桜を奉納したからだそう。千年の昔から貴族の間で愛でられてきた桜は、江戸時代になると庶民にも開放され、夜桜が名物に。こんにちまで夜間のライトアップは桜の季節の風物詩となっています。

「当神社の桜の多くは里桜といって、人の手で接ぎ木をしなければ後世に残すことはできません。里桜の寿命は長いもので50年ほど。希少な品種を絶やさぬよう、毎年接ぎ木で新苗を育て、できた後継木を植えることで守り継いでいます」

そう話すのは、権禰宜《ごんねぎ》の中村聡朗《としろう》さん。円山公園のシンボル「祇園枝垂れ桜」の祖父にあたる老桜が近年日照不足により枯れてしまい、現在境内にある桜の多くは、比較的樹齢の若い桜だといいます。けれど、それらの中には江戸時代から脈々と接ぎ木で受け継がれてきた品種も少なくありません。桜から桜へ、時代を超えて人から人へ。千年越しのリレーはこうしてバトンをつないでいます。

DATA

平野神社［ひらのじんじゃ］
MAP P219 ⑦
☎075-461-4450
京都市北区平野宮本町1番地
参拝自由
https://www.hiranojinja.com

1
2

1.参道の灯籠にしるされた神紋も桜。
2.「桜苑」（入苑料500円）には桜の蜜を吸いに訪れる鳥たちの姿も

スマホを置いて。鈍く、ゆっくりと思考しよう

苔むす石畳の先に佇む一軒家のドア。利用者は、予約時に伝えられたキーナンバーで鍵を開いて入室します。ここは、ブックディレクター・幅《はば》允孝《よしたか》氏が代表を務める「BACH」の京都分室としてオープンした私設図書室。純文学、料理本、アートブックなど、約3000冊の蔵書から心惹かれる本を選び、林を眺めたり畳でリラックスしたりしながら、思い思いに過ごすことができます。

「『鈍い』という言葉にはネガティブな印象がつきまといますが、現代社会やテクノロジーが求めるスピードに対して、あえて鈍くあることを肯定したかったと幅は言います。ここでは、できればスマホをしまい、本やその書き手と向き合って、時間の流れが遅くなるようなひと時を過ごしていただけたらと思うんです」

そう話すのは、店主であり幅氏のパートナーでもあるファンさん(愛称)。併設する喫茶で一杯一杯じっくりとコーヒーをいれ、訪れた人をもてなします。

時計やスマホを手放し、本棚の前を行ったり来たりするうちに自然とある一冊が目にとまる。本から「呼ばれる」ような出会いは、閲覧履歴から導き出されるネット上の「おすすめ」とは全く違った喜びがあります。行間を行きつ戻りつしながら、世の中のスピードではなく自分の速度で文章を咀嚼する。たとえ鈍く、ゆっくりだとしても、ここではそれが許されています。

本とコーヒーと、スピードを手放す少しの勇気があれば、時間はその人に寄り添い進みます。世界が逆転する魔法を、小さな図書室で体験してみてください。

1
2

1.壁一面の本はすべて幅氏の蔵書。2.施設利用料＋コーヒー1杯で90分2200円。数量限定でプリン(660円)も

DATA

鈍考／喫茶 芳［どんこう／きっさふぁん］
MAP P219 ⑨
京都市左京区上高野掃部林町4-9
11:00／13:00／15:00
(各部1時間半の完全予約制)　日～火曜休
https://donkou.jp

畳やソファで過ごしても、縁側に出て自然を感じながら過ごしても。設計は幅氏と親交のある堀部安嗣建築設計事務所が手がけた。

〈 MEMO 〉

コーヒーはネルドリップ。どっしりしたコーヒーが好きな私でも「！」となるほど深煎りで濃厚です。「本を読みながらちびちびと飲めるように」と聞いて納得。時間をスローダウンする仕掛けはこんなところにもあったんですね。

茶室／茶藝室 池半

茶室の壁やテーブルは和紙作家・ハタノワタル氏が手がけた。飾られた織物は「赤穂緞通」という日本の工芸品

上／「茶席のコース」（1名6000円）は3種のお茶、合間に2種の茶菓が付く。下／鴨川が見える2階席

茶の香り、所作、しつらえに心洗われて

柳の枝がゆったりとそよぐ、鴨川べりの一軒家。藍で染め抜かれたのれんをくぐると、別世界のように静謐な空間が広がります。ここは、一棟貸しの町家宿「鴨半」が始めたもう一つのおもてなしの場所。日本茶から中国茶まで、味を変え様式を変え、さまざまにたしなまれるお茶の文化を体験できる茶室/茶藝室です。

日本、台湾、中国大陸各地からその時々で入荷するお茶を、しつらえやお菓子を含め堪能する「茶席のコース」は、ここでしか味わえません。光が差し込むほの暗い茶室で、映画の一幕を見るように亭主の所作を眺めてお茶を待ちます。立ちのぼる湯気、流れるような所作、小さな茶杯に満ちる色と香り…。一つひとつに心がほぐれ、煎を重ねるごとに開いてゆく感覚は浄化されるよう。

「日本茶だけでなく台湾・中国茶も扱うのは、コミュニケーションが広がるから。日本茶には作法や様式美の魅力がある一方で、台湾・中国茶は自由なおおらかさが魅力。それぞれの違いや、しつらえ、お茶の風味と話題が尽きません」

そう話す、亭主・小嶋万太郎さん。「鴨半」を営みながら、好きが高じて台湾にお茶作りを学びに渡るほど、お茶に魅了された一人。パートナーの慧《けい》さんとともに、この場所を通して尽きることのないお茶への学びを深めています。

一種目、二種目のお茶を亭主のもてなしで味わったら、最後は鴨川を望む2階席へと場所を変え、自分でいれて楽しんで。移ろう風味に心を傾け、鴨川を歩く人々や木々の色を眺めれば、かけがえのないお茶の時間になるはずです。

〈 MEMO 〉

同じお茶の木の葉っぱでも、産地や収穫時期、発酵具合でこんなに見た目が違うんですね。くるくる、もみもみ、色んな姿になった茶葉。なんだかかわいいです。

DATA

茶室/茶藝室池半
[ちゃしつ/ちゃげいしつ いけはん]
MAP P216 ②
京都市下京区鴨川筋五条下ル都市町143-11
3～10月11:00～16:00／11～2月11:00～15:00（いずれも最終入店。予約制。企画展開催時は予約不要） 水～金曜休
https://ikehan.jp

天狗を訪ねて。街なかよりも涼やか、鞍馬山散策

天狗が棲む、約650万年前に護法魔王尊が降臨した、牛若丸の山修行など、さまざまな説話に登場する鞍馬山。寺の信仰形態も独特で、万物を生かす宇宙のエネルギー「尊天」を本尊とし祀っています。

山の多様で豊かな生態系を「ともに生かされている命」ととらえ、個々が命を輝かせて生きることを目指す信仰は、宗派や国の垣根がなくとてもおおらか。信仰の有無にかかわらず、山の自然を味わい、小さな命に目を配りながら歩くだけで、感謝の気持ちが湧き起こります。

参拝ルートは、ケーブル山門駅からケーブルカーに乗るか、本殿金堂までくねくね続く曲がり道「九十九《つづら》折《おり》参道」を歩くかの2パターン。ケーブルカーを利用すれば、普段着でも無理なく山歩きを楽しむことができます。

本殿金堂を参拝したら、ぜひ山道の先にある奥の院まで足をのばしてみてください。少し足場がわるく起伏の多い道になりますが、山の緑はいっそう深く、自然のままの姿に。木の根が地表にあらわになった「木の根道」、木立の中にひっそりと佇む「奥の院 魔王殿」など、神聖な氣を感じる場がたくさんあります。貴重な岩石が残る鞍馬山は、約2億6千万年前の地質を含むそう。大地の霊王や天狗がいるという伝説にもうなずけます。

古くから人々を勇気づけてきた神秘的な言い伝えとともに、おおらかで懐が深い山の自然をたっぷりと感じてみてください。

1

2

1. 山には牛若丸が天狗から武術を習ったという説話が残る。
2.中心に立つと宇宙のエネルギーを得られるという「金剛床」

DATA

鞍馬寺［くらまでら］
MAP P219 ⑧
☎075-741-2003
京都市左京区鞍馬本町1074番地
9:00～16:15　愛山費500円
https://www.kuramadera.or.jp

TOKINOHA Ceramic Studio

見て、ふれて、味わう。清水焼の「今」

清水焼団地は、京焼・清水焼の窯元や作家の工房、ギャラリーや陶芸材料の店などが集まる工業団地。手仕事のうつわのショップと、実際に職人が働き、陶芸体験もできる工房を併設したこのスタジオは、地域の新しい顔となっています。代表の清水大介さんは陶芸家の家系に生まれ、自身も作家として活動したのち、より日常使いできるうつわに惹かれて食器ブランド「TOKINOHA」を設立。毎日の食卓になじむシンプルなうつわを提案しています。

「陶芸の世界って、買うための情報はあっても『どんな人がどうやって作っているか』という情報は、まだまだ少ないと思うんです。でも、作られるプロセスや作り手の言葉に興味のある人はきっといる。ここが出会いの場になれたら」

ショップと工房の間にあるのは大きなガラス窓だけ。うつわを手に取り選びながら、窓を眺めれば職人が手を動かす様子が映ります。厨房から焼きたてのパンを店頭に出すベーカリーのように、作り手の顔や制作過程がリアルに伝わる。さらに、参加者が自分で手を動かしうつわを作る陶芸体験を開催したり、釉薬から着想したドリンクを提供したりと、陶芸を身近に感じる仕掛けがあります。

「清水焼には、地元の土や決まった技法があるわけではない。自由な解釈で、京料理や茶の湯の文化とともに進化してきたんです。だとしたら、僕らが取り組んでいることのマインドにも通じています。『こういう清水焼もある』ということが、次の世代に『おもしろい』と感じてもらえる理由になると信じています」

DATA

TOKINOHA Ceramic Studio
[トキノハセラミックスタジオ]
MAP P214 ☎075-632-8722
京都市山科区川田清水焼団地町8-1
10:00〜18:00 月・火曜休
https://tokinoha.jp

1
2

1.料理に合うことを大切に作陶されるうつわ。2.「電動ロクロ体験」(40分8800円・焼成1個付き・ドリンク付き)

白龍園

庭園の奥にある聖域に入ると、ガラリと神聖な空気に変わる。鳥居と祠は撮影不可。太鼓橋は開墾当時の社員家族と地元の人々が架けた

上／手入れのゆきとどいた庭園。庭師の中には初代の時代からここを守り続けている人も。下／高台からの眺めも絶景

もみじと苔と山野草が彩る、秘密の庭園

鞍馬山の手前、二ノ瀬に位置する安養寺山のふもとに、知る人ぞ知る秘密の庭園があります。もみじのトンネルを時折叡山電車が通り過ぎ、朝露に濡れた苔の間からは秋咲きの山野草・リンドウがそっと顔をのぞかせる。頭上のもみじが真っ赤に色づき、山全体が暖色のグラデーションに彩られても、足元のささやかな苔や草花を見過ごすことはありません。360度、どこを見渡してもすがすがしい景色が、訪れた人の目の解像度を何倍にも上げるからです。

1963（昭和38）年に造園された「白龍園」は、運営するアパレル会社「青野」の創業者・青野正一氏が縁あって手に入れた場所。荒れはてた山麓地帯を社員家族と地元の人で開墾し、石組みから植栽、聖域の整備まで人の手で行いました。青野氏が会社の事業とは異なる庭園にここまで心血を注いだのは、地域の信仰を守りたいという一心から。現在庭園を守るのは、氏の孫にあたる現オーナー・雅行さん。庭園の手入れは、たくさんの庭師の手によって行われています。

「清涼な空気が流れているのは、庭師さんたちの仕事のたまものです。例えば、苔に落ちた枯葉を放っておくと苔が痩せてしまう。一つひとつ手で拾うんです」

約10年前まで、ここは地元の人や関係者を招く、文字通り「秘密の庭園」でした。こうして一般公開するようになったのは、初代の思いと、来る日も来る日も庭を手入れしてきた人の努力に報いるため。隠れ家のような庭園は、山の命の多様さと、それらを育む懸命な人の手によって作られた桃源郷でした。

〈 MEMO 〉

「ここに咲いていい？」とささやいているみたいに、石段の間に咲いていたリンドウ。みんな愛おしそうに眺めながら、踏まないようによけていくんです。けなげで可憐で、心がふるえました。

DATA

白龍園［はくりゅうえん］ MAP P219 ⑧
☎075-311-8988（青野株式会社）
京都市左京区鞍馬二ノ瀬町106
10:00〜14:00（春秋の特別公開期間のみ開園。完全予約制。詳細はWEBサイトを要確認）
観覧料1600〜2000円（時期により異なる）
特別公開期間外休　https://hakuryuen.com

万年青のオモテ市

「おいしい」を手から手へ

骨董市や手作り市など、京都には毎月決まった日に開催される「市」が根づいています。歴史が長く、何百もの露店が並ぶ市がある一方で、発起人の熱意で誕生した小さな市もあちこちに。西陣に店を構える「串揚げ万年青《おもと》」で、毎月25日に開催する「万年青のオモテ市」もその一つ。新鮮な野菜や彩り豊かなお弁当、手作りの調味料や食材などがそろう食のマルシェです。

「オーガニックや無添加の食材の良さを、うちのメニューで主張するのではなく、自然な形で伝えたいと考えていました。文字情報より先に、『おいしい』と感じてもらえたら、すぐわかる。それには気軽に立ち寄れるマルシェだなって」

そう話すのは、主催でパートナーの嗣《つぐ》さんとともに「串揚げ万年青」を営む、青木裕子さん。どんな宣伝文句よりも、食べて「おいしい」と感じてもらうことが、素材そのままの味の豊かさを知るきっかけになるはず。「オモテ市」は、そんなささやかなシェアの場でした。休むことなく毎月開催すること10年以上。京都のおいしいものが集う定例のマルシェとして、すっかり定着しています。

「いろんな食生活があって当然。その中で、オーガニックや無添加のものを選ぶことが、押しつけではなく選択肢の一つとしてあり続けられたらと思うんです」

人から人へ。手から手へ。店のおもてで始めた小さな市が大きく成長しても、根っこにある思いは変わりません。目の前の人を「おいしい」と笑顔にする。多様で持続可能な食の選択肢が身近にあるって、なんて豊かで心強いことでしょう。

1

2

1.軒先には野菜や果物、店内にお弁当やパン、食材が並ぶ。
2.嗣さんの地元・高知から届く無添加の干物や釜揚げしらす

DATA

万年青のオモテ市［おもとのオモテいち］
MAP P219 ⑥
☎075-411-4439（串揚げ万年青）
京都市上京区筋違橋町554-2
毎月25日12:00〜日暮れ
@kushiage.omoto

出た出た!!
濱田さんの 甘平
すんごい甘い かんぺい
今が旬
新玉ねぎ

る

心身をリセットする、夜坐禅

　しんと静かな夜の町家に、一人また一人と人が集まります。仕事を終えて、あるいは旅の夜の最後に。一日を坐禅で締めくくろうとやって来る人々の顔はとても穏やか。今日なすべきことはほぼ終えたという安堵の表情が浮かびます。

「帰ってから晩ごはんの心配をしなくてもよいように、坐禅の後『茶礼《されい》』として軽い食事の時間を設けているんです。帰宅してまだやるべきことがあると、坐禅に集中できないかなと思って」

　そう話すのは、オーナーの黒木康太さん。本職のフォトグラファーとして活躍するかたわら、展示会やイベントを行う、人が集まることのできるギャラリーとして「る」を開いています。定例で開催しているのが、かねて黒木さんと親交のあった岐阜県・蓮華寺の羽賀浩規住職を迎えての坐禅会。身体をほぐすストレッチや呼吸法、自身を省みる内観の後約20分の坐禅を行い、最後に毎回異なる料理家による軽食をいただき、結びます。参加者のリラックスした表情は、夜ゆえの解放感と、終わったらそのままお風呂やベッドに直行できるという安心感の表れ。眠る前の瞑想やストレッチのような感覚で参加することができるのです。

　坐禅と聞くと早朝をイメージするかもしれませんが、リセットされた身体のまま一日を終えられる夜坐禅は、朝とは違った心地よさがあります。修行ではなく、心身を調《ととの》え、凝り固まった思考を手放す手段としての坐禅を、ぜひ体験してみてください。

DATA

る
MAP P216 ②
京都市南区九条町411-2
営業時間はイベントにより異なる。
夜坐禅会は19:00〜。開催日や詳細はインスタグラムを要確認　@ru_kyoto

1
2

1.「夜坐禅会」（1人2500円・予約制）。
2.坐禅後の茶礼も楽しみ。この日は香港出身の料理家による広東粥

column 3

カメラロールから、ある日の京都 ②

しい。5／食事・小酌・麦酒…の文字の小気味よさ！

6／10月15日 お魚と季節をちゃんと味わえる「下鴨芹生」(MAP P219⑥)。昔ながらの酒場の雰囲気も◎。

7／10月18日 ビルの一室にセンスがぎゅっと詰まった「TREE」(MAP P215①)は、夫婦で「HS-kyoto-」(→P76)などを営むカキモトユキさんのリトルショップ。カキモトさんデザインのアパレルやニットアイテムを中心に手仕事のうつわなども置かれ、ミックス加減が絶妙。オープン日が限られているのでインスタグラム(@kakimotoyukihandknitting)をチェックして。

8／11月2日「蕎麦まで辿り着かない」と辛党が語る、蕎麦前豊富な「通しあげ そば鶴」(MAP P218⑤)。下戸な私はお蕎麦とラム酒が香るプリンで。

1／8月16日「糺の森」で毎年8月に開催される「下鴨納涼古本まつり」(MAP P218⑤)。森の中で本を探すってどうしてこんなに楽しいんでしょう。

2／8月16日 そしてこの日は「五山の送り火」。ご先祖さまがあの世へ帰っていく道しるべの火なのです。これを見ると夏も終わり。

3／9月12日 息子と自転車でお出かけついでに立ち寄ったのは「赤メック」こと「ル・プチメック 今出川店」(MAP P217④)。赤いギンガムチェックのクロスのお店は、いいお店のしるし(私調べ)。

4／10月14日 飲む人はアテ、飲まない人はデザートで卓を囲める「PALMELA」(MAP P219⑥)がご近所にオープン。18時までで色々な使い方ができてうれ

16

13

10

17

14

11

18

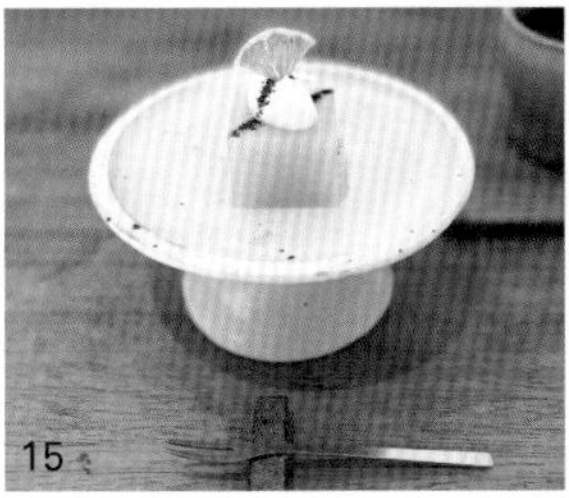
15

12

スマホに残った、京都暮らしの日々の記録。五山の送り火から師走まで、景色も季節も味わいました。

14／12月1日「真如堂（真正極楽寺）」（→P116）の手水鉢の水鏡。こんな景色があるなんて。

15／12月9日 羊羹なのにフルーツが香る「かざり羹」は「うめぞの茶房」（MAP P219⑥）。

16／12月17日 四条大橋たもとの中華料理店「東華菜館 本店」（MAP P215①）で家族のお祝いごとを。「前に来たのはいつだったっけな」なんてなつかしむ話ができるのも、老舗ならではです。17／日本最古のエレベーターのある洋館建築は見応えたっぷり。

18／12月19日「円卓」（→P20）で「味噌づくりワークショップ」に参加。大豆をつぶす、一番楽しい工程からできるうれしさよ。いよいよ一年も終わります。

9／11月10日 京都最古の洋菓子店「京都村上開新堂」（MAP P215①）で、足元のタイルにほれぼれ。

10／11月18日「みったん先生」こと、料理家の森下美津子さん主宰の料理教室「日曜日のごちそう」（MAP P215①）で習った煮込みハンバーグは、わが家の大定番。作り方が習えて食事もできる「おひるごはんの会」は、単発でも参加できるのでランチ代わりにも。11／アトリエのしつらえやうつわ使いも素敵。

12／11月20日 栗の季節が終わる前に。「鳴海餅本店」（MAP P217④）の秋の味「栗赤飯」を。大粒の丹波栗がごろごろ。冷めてももっちりおいしいんです。

13／11月30日 鴨川と紅葉とマジックアワー。

COFFEE
STAND
BIKOH
COFFEE

coffee stand 微光／凍てつく冬の朝、京都市中央卸売市場にともるコーヒー屋台のぬくもりを求めて。→P194

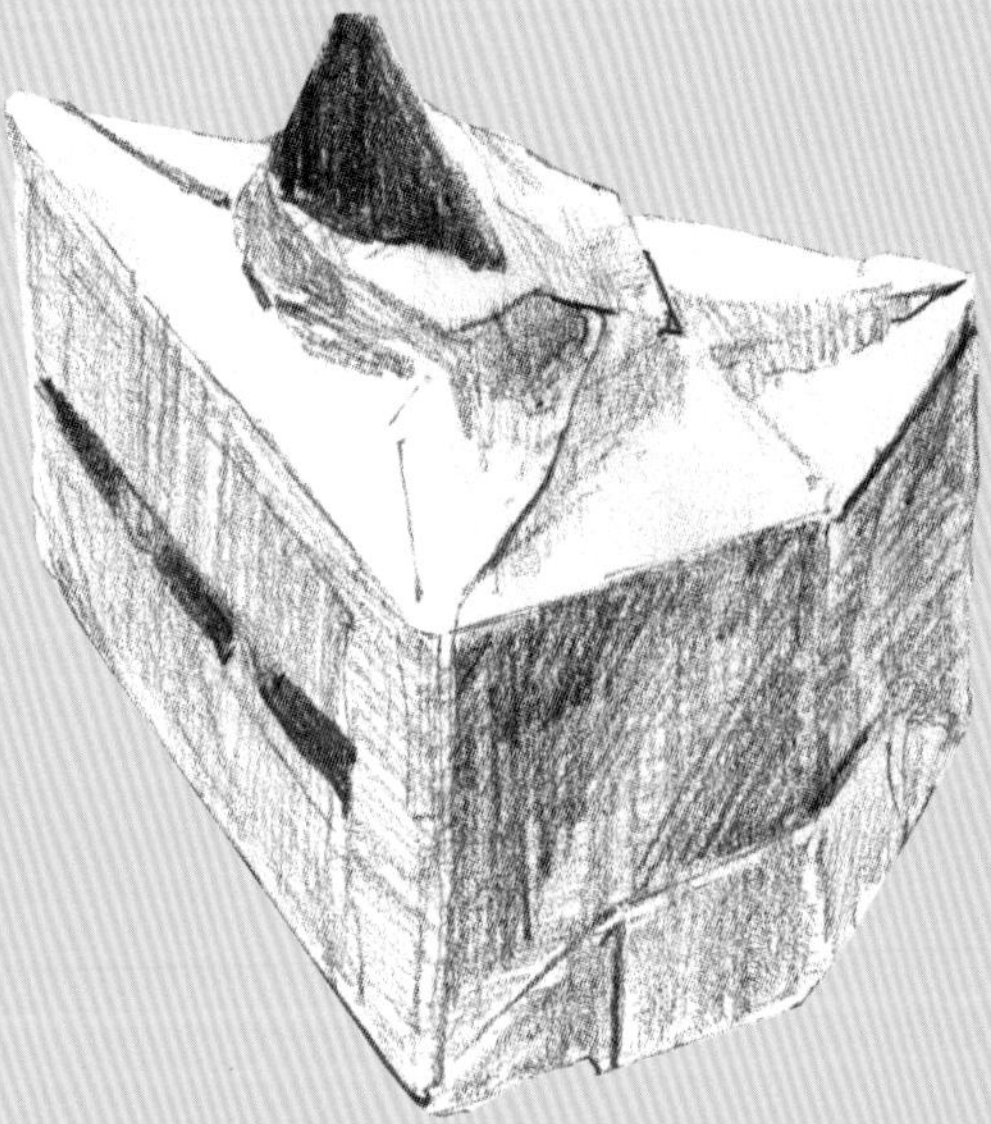

Cafe
Lunch
Apero
Bar

chapter

6 街の止まり木 カフェ・サク飲み

「あの街に行くなら、あの店に寄ろうかな」
京都はさまざまなエリアで
カフェや喫茶店、
軽く一杯飲める店の選択肢が豊富。
旅の隙間に、散歩の途中に
遅がけのランチや一人の夕食にも
時間帯やニーズにぴたっとフィットする
止まり木のような店が見つかります。

一人旅や昼飲みでも使いやすい
定食やワンプレートを終日提供する店や
通し営業のカフェ&バーが増えているのも
最近のトレンド。
気軽に、気ままに訪ねられる
お気に入りの一軒に出会ってください。

「カスタードドーナツ」(ドリンクとセットで1100円、単品メニュー、テイクアウトはなし)

上／マドレーヌはテイクアウトのみ。帰り道に待ちきれずほおばってしまいそう。下／大木健太さんとパートナーの真奈美さん

夢中でほおばる甘い幸せ

たぷん。とカスタードクリームを含ませ、ぎっしりと鎮座するドーナツたち。かぶりついたらクリームが飛び出るかも、と想像するも、浮かぶのは「困った」ではなくおいしいイメージだけ。「子どものように口元をクリームと砂糖でいっぱいにしてほおばりたい！」と大人も夢見ずにはいられません。

この魅惑のドーナツをはじめ、ひと目で、ひと口で、食べる人をとりこにするスイーツを作るのは、店主の大木健太さん。20歳でロンドンに渡り写真家として活動していましたが、モダンブリティッシュ料理の先駆けとなったレストラン「セント・ジョン」に魅せられ、ペストリー部門に入ったことからお菓子作りの道を歩み始めました。「Kew」のスイーツはどれも、敬愛するレストランのスタイルを自分流に磨き上げた、この店だけの味です。

ドーナツと並ぶ人気のチーズケーキは、口に入れた瞬間にとろけてゆくなめらかさが身上。柔らかすぎてサーブの直前に切り分けないと自立しないのだそうです。テイクアウトのマドレーヌを焼き始めるのも、注文が入ってから。

「効率は良くないですよね。お客さまをお待たせしてしまうし…。でも、その場で料理を仕上げるレストランのように、一番おいしい瞬間を知ってほしくて」

そう大木さんは笑います。シンプルながら、「焼きたて」「切りたて」「クリーム詰めたて」と言わんばかりのお菓子の表情が、たくさんの人をとりこにする秘密。運ばれてきた瞬間、思わず口元がほころんでしまうのは必至です。

〈 MEMO 〉

チーズケーキにするか、ドーナツにするか。この超難問へのアンサーとして「チーズケーキとハーフサイズドーナツのセット」(2400円)もあります。ああよかった！

DATA

Kew［キュー］
MAP P219 ⑦ ☎075-406-0763
京都市右京区龍安寺五反田町15
11:00〜18:00（予約制）
月・火・金曜休
https://www.kewkyoto.com

ha ra

街と鴨川のあいだに 名店のエスプリを受け継いで

河原町通から鴨川へ。風が通り抜けるように構成された空間が、街なかのカフェにして自然の気配を感じられる理由。その心地よさに吸い寄せられるように、「ha ra」には朝10時のオープンから次々と人が訪れます。

「鴨川沿いに開けた窓がある『efish』で働いた経験から、環境の良さが働く人やお客さまにすごくいい作用をもたらすことを実感していたんです。だから、自分の店を持つなら自然を感じられる場所で、と決めていました」

そう話す店主の原こころさんは、河原町五条の鴨川べりで20年間愛されたカフェ「efish」で最後の店長を務めた人。ここをオープンするにあたり、大切に使われてきた什器や照明を譲り受けました。焼菓子やうつわを手がけるのは、当時の同僚で現在は菓子作家や陶芸家として活躍する仲間たち。そこに、原さん自身が選んだ作家の品やオブジェ、丁寧で気取りのない料理が調和し、名店の遺伝子を受け継ぎながら街の「今」を映す、風通しの良さが生まれました。

「閉店する時、『学生の時にデートで来たよ』などと言ってもらえて、カフェって誰かの思い出になることができるんだと気づかされました。この店も、ここに来たらほっとする、心落ち着ける場所になっていけたら」

おなかだけでなく心を満たし、街の止まり木となり、訪れた人はそれぞれのペースで時を過ごします。いつしか、そこで過ごす時間が誰かの大切な思い出になる。「ha ra」の物語はまだ始まったばかりです。

1

2

1.パンも鉄板で焼いた「BLTサンドイッチ」(902円)。2.ラフな外観とヴィンテージのインテリアが今の気分に合う

DATA

ha ra［ハ ラ］
MAP P218 ⑤　☎075-285-4821
京都市上京区梶井町448-62
10:00～19:00
火曜休、不定休あり
@ha_ra_kyoto

hara

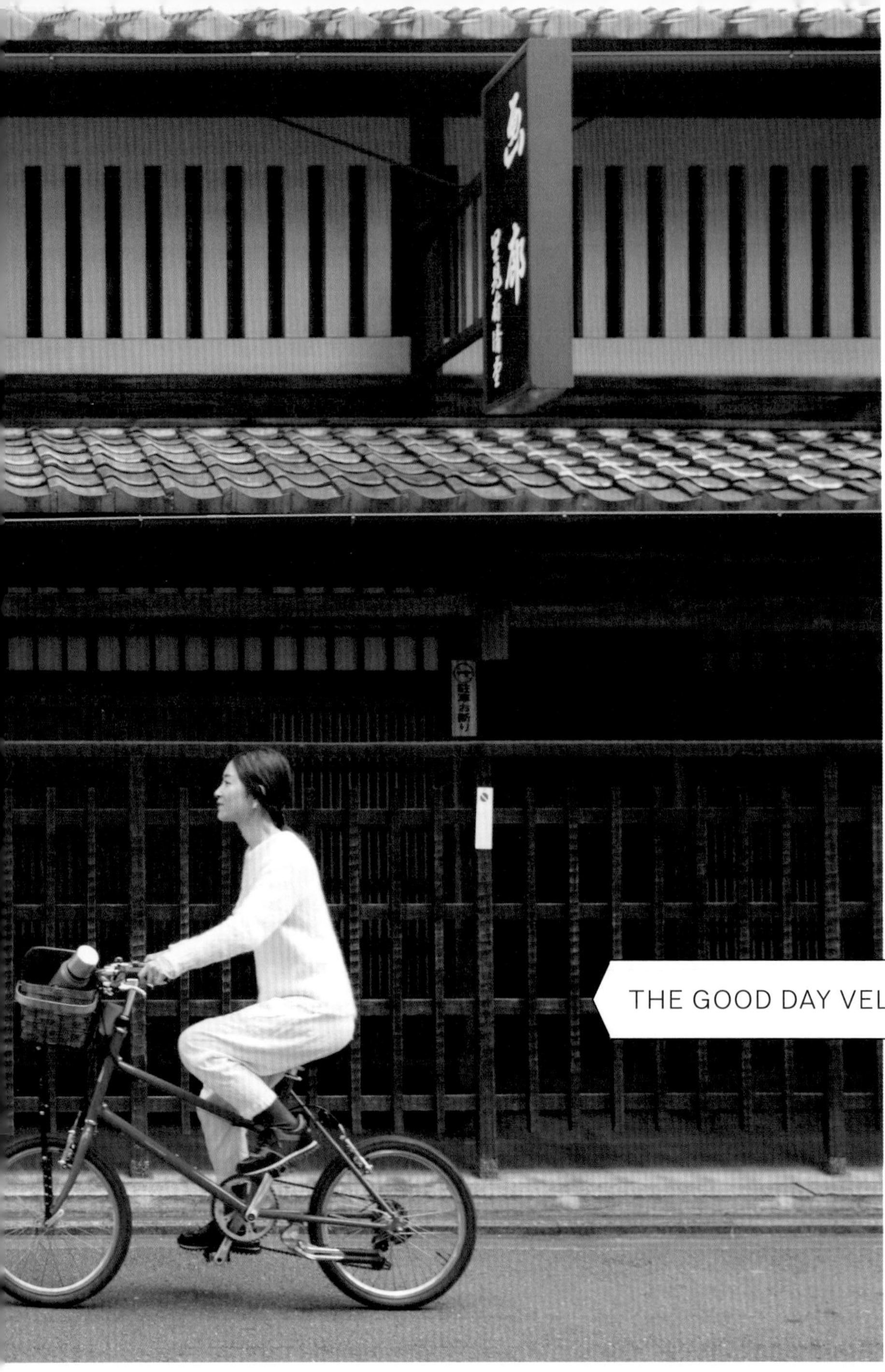

THE GOOD DAY VELO

レンタルできる自転車は、都会的なデザインで乗り心地が良い「CRAZY SHEEP」（1日1400円〜）

自転車に乗ってすーいすい

京都を巡るなら自転車が最適です。一方通行が多い、路地が多い、環状線がない、バスは混雑する。自転車はそんな古都の交通事情から自由になれ、住民目線で街を楽しむことができる格好のツールです。

「日本では自転車＝移動手段というイメージがありますが、欧米ではレジャーの一つ。自転車に乗ることそのものを楽しむ、という体験をしてもらいたくて」

そう話すのは、カウンターを挟んでレンタサイクルショップとコーヒースタンドが隣接するこの店を営む、石原直樹さん。旅が好きで、ロンドンのカフェで働きながらヨーロッパ諸国やモロッコ、アメリカ西海岸などさまざまな国を訪れました。とりわけポートランドでは、自転車とコーヒーは切り離せないものとして、街のあちこちにレンタサイクルショップ兼カフェがあったといいます。

「レンタサイクルだけだと、貸し出しや返却の時しかお客さまと接する時間がないけど、カフェがあれば少し長居してくれるでしょう？　どこに行きたいとか、どんなふうに過ごしたいとか、旅のスタイルも話しやすいんです。京都は、社寺も鴨川も美術館も、自転車で行ける距離にあります。景色が見えるし自分で運転するので、思いがけない路地やお店に出会う発見もあります」

自転車で巡れば、京都の地理がグッと身近に、暮らすように親密に感じられます。車窓からでは気づかなかった場所を見つけるかもしれません。さあ、自転車に乗って、ぐるぐるすいすい、京都を周遊してみましょう。

DATA

THE GOOD DAY VELO
[ザ グッデイ ヴェロ]
MAP P215 ①　☎075-606-5345
京都市中京区堺町通姉小路下ル大阪材木町685-1
10:00〜18:00 月曜休、不定休あり
https://thegooddayvelo.com

〈 **MEMO** 〉

保温ボトルに入ったコーヒー、マグとラグが借りられる「ピクニックセット」（2名分一式2000円）。私もよくコーヒーを持って鴨川や京都御所に出かけます。気持ちいいですよー。

上／スタンドではスペシャルティコーヒーやクラフトビールを提供。下／自転車や京都を題材にしたグラフィティがにぎやか

swimpond coffee

心地よい、余韻と距離感

ポリカーボネート製の外観に、少し首をかしげるように傾いたアルミの照明。一見ストイックなほどミニマルな空間なのに、ほどよくリラックスした雰囲気が漂うのは、そんなちょっとした「隙」のおかげかもしれません。左京区を代表するカルチャー書店「ホホホ座」の斜め向かいに立つこちらのカフェは、学生やフリーランスの多いこのエリアで、ふとした隙間時間を満たしてくれる存在。近くまで来たらつい扉を開けてしまうのには、いくつかの理由があります。

一度飲んだら忘れられなくなるコク深で余韻の続くコーヒーに使うのは、岩倉の焙煎所「miepump」のコーヒー豆。ここは、「miepump」の焙煎士である大塚俊孝さんのご両親、大塚すみえさん・義幸さん夫妻が営む店です。一杯ずつハンドドリップでいれるコーヒーと、朝食から軽食、おやつまで、一日のさまざまなシーンにフィットするメニュー構成が立ち寄りやすさの理由の一つ。

「息子がコーヒーに携わるようになったことで、長年ぼんやりと考えていた『喫茶店をやってみたい』という思いが実現したんです。子育てを終えて、まさか自分が喫茶店をやるなんて不思議ですね」とすみえさんは話します。

カウンター越しに常連客とおしゃべりすることもあれば、訪れた人と付かず離れずの接客で静かに時が流れていくことも。喫茶店ならではの心地よい時間とは何か、楽しみながら学び続けている様子です。実はそのゆるやかな距離感こそ、この店にまた来てしまう一番の理由なのかもしれません。

1
2

DATA

swimpond coffee
[スイムポンド コーヒー]
MAP P218 ⑤ ☎075-741-7395
京都市左京区浄土寺馬場町1-4
8:00～17:00 月・火曜休
@swimpond_coffee

1.「穴の位置を間違えた」がしっくりきたという照明。2.「ホットドッグ」(700円)。コーヒー(500円)と一緒に

中央の「蒸し豚と塩漬け白菜」(800円)は、ふわふわにスライスした蒸し豚と酸っぱい白菜漬けの組み合わせがやみつきに

上／「元の建物の歴史を残したい」という全さんの思いで、柱や土壁はそのまま。下／瓦屋根の入口と洋館のようなタイルが印象的な外観

ははは と笑って、飲んで食べて

「ははは」は日本語と同じく韓国語でも笑い声を意味し、オーナーの全敞一《ぜんしょういち》さんの好きな韓国の歌のタイトルでもあります。カラフルなモザイクタイルのカウンター、レトロなテーブルや照明、ネオンが光る冷蔵庫…と、どこかなつかしさを感じるインテリアが親しみやすさの理由。カフェと居酒屋の中間のような雰囲気で、お酒を飲む人も飲まない人も気軽に立ち寄ることができます。

「このモザイクタイルのカウンターは、韓国の田舎町の食堂にあったテーブルを模して作ってもらったんです。古くさくてなつかしいのがいいなと思って」

そう話す全さん。日本でも韓国でも、お気に入りの店は、地元の人が昼食ついでにお酒を飲めるような、日常の延長線上にある店。今までも市内に、自分と同世代の30～40代の感性に響く、新しさと古めかしさの同居する店をオープンしてきました。韓国食堂でありながら、メニューには日本人が見慣れた韓国料理名はほとんどなく、多くが郷土料理や伝統食。いずれも素朴で滋味深く、辛さや刺激をメインにしたものばかりではないことがわかります。

「韓国料理って辛いのもあれば柔らかい味わいもある。すごく多様で、地方料理も豊富なんです。そういう当たり前のことが知られてないから、僕自身がよく知っている韓国料理を出したいと思ったんです」

飾らない家庭料理が食べられて、センスが良くて親しみやすい。普通なようでどこにもない、等身大の韓国料理店。京都には、あります。

〈 MEMO 〉

海藻と豚肉、そば粉のスープ「モンクッ」の定食(1500円)。磯の香りととろみが独特でつい頼んでしまいます。小皿のナムルはごはんにのせてビビンパにできるという白飯泥棒…！

DATA

하하하 [ハハハ]
MAP P215 ① ☎075-204-2202
京都市下京区恵美須之町516-1
11:30～22:00 木曜、第3水曜休
@hahaha.teramachi_takatsuji

RIFIFI studio

「時間と心に余裕を持ってお越し下さい」

意味深な一文が添えられたショップカードを頼りに、訪れたのは西陣の隠れ家レストラン。「ピチュー」の愛称で親しまれるフランス人シェフのピエール・アントワン クラインさんが、一人で切り盛りするパンと地中海料理の店です。日本語勉強中のピチューさんが作るのは、天然酵母パンとフランス家庭料理。フムスやタブレといった中東がルーツのデリを織り交ぜ、鮮やかなワンプレートに仕上げます。ワンオペのため、少し待つのはご理解を。

「僕のおばあちゃんはモロッコ人。だから地中海料理にはなじみがあったし、家族みんな料理が好きだった」と話すピチューさん。休日になるとみんなで料理を作り、家族で食卓を囲むことが日常だったと言います。ここで出される料理は、そんなあたたかなフランスの食卓のおすそわけ。さらに、「京都はおいしい野菜がたくさんあるから、素材がメニューのインスピレーションになる」と語ります。

多彩な色と香り、さまざまな食感や余韻がひと皿に集まるプレートを前にすると、もう多くの言葉は不要。意外な素材の組み合わせや、スパイスとハーブの効かせ方、パンに付けたり混ぜたりと自由に味わうスタイルは、一口食べるたびに新鮮な驚きと楽しさがあります。食べ終えると今度は、「ごちそうさま」「来てよかった」とピチューさんに伝えたくなって、むしろ自分の語学力の乏しさが悔やまれる、なんて人もいるかもしれません。

ちなみにピチューさん、今は日本語レベル2に上がったみたいですよ。

1

2

1.デリ数種にパンと季節のスープが付く「週替わりプレート」(1500円)。2.調理や接客もピチューさんが一人で行う

DATA

RIFIFI studio［リフィフィ スタジオ］
MAP P219 ⑦　☎070-9104-4345
京都市上京区下竪町152-25
金～日曜のみ11:00～16:00LO
(売切次第終了)　月～木曜休
@rififi_studio

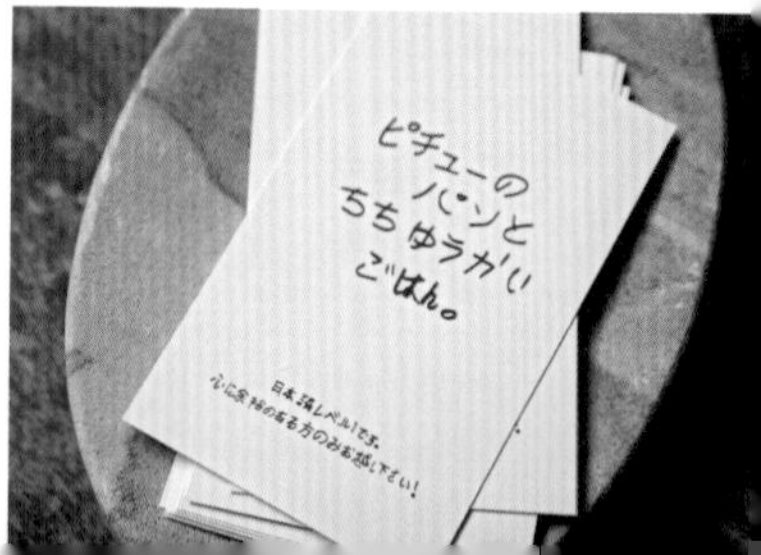

歩粉

大人はおやつを食事代わりにしたっていいじゃない

「アフタヌーンティーってありますよね。スコーンやケーキが段重ねのスタンドで出てきて、ポットにたっぷりの紅茶が用意されて。私自身も大好きで、あのスタイルを歩粉らしく提供したいと思ったんです。月に一度でもいい。好きなお菓子をめいっぱい、ゆったりと味わう自分の時間を過ごしてもらえたらって」

そう話すのは、店主の磯谷仁美さん。焼菓子好きの間で伝説的な人気だった恵比寿の店を閉店後、単身ポートランドへ。オーガニックフードや地産地消といった海外の食文化を存分に吸収し、京都で再オープンを果たしました。素材の風味が生き、季節の恵みを堪能できるおいしさはそのままに、食材をできる限り国産や自家製にアップデート。多彩な焼菓子が並ぶプレートを心ゆくまで味わう、「歩粉」スタイルのカフェ時間を提案しています。

紅茶やハーブティーはポットで提供し、差し湯もOK。大人だけの来店をお願いしているのも、訪れた人にほんのひと時、育児や仕事を忘れてお菓子を楽しんでほしいから。本を片手にゆっくりとティータイムを過ごす、一人のお客さまも多く訪れます。

香りで、食感で、味わいや余韻で、飽きさせずいつまでも食べていたいと夢見てしまう「歩粉」の焼菓子。食事を抜いて代わりにおやつを食べたって、大人ならいいじゃありませんか。おなかをすかせて訪ねて、とっておきのおやつの時間を過ごしてみてください。

DATA

歩粉［ほこ］
MAP P219 ⑥
☎075-495-7305
京都市北区紫竹西南町18番地
10:00〜16:00LO　月〜水曜休
https://www.hocoweb.com

1
2

1.古材と白を基調にした空間。2.「デザートフルセット」(2860円)。2皿めは月替わり。定番の1皿めはP191左下

酒菓喫茶かしはて

西へ東へ。果てしないお菓子の旅

午前10時から予約制で開かれる、季節の果実を軸にした「朝菓子の会」。ワインも選べるウェルカムドリンクに始まり、皿の上に描かれた季節を愛でるようにいただくデザートのコースです。4皿からなるデザートは、旬から名残へ、西洋から東洋へ、時間と国を行き来するように味わう、まるでお菓子の旅。

「シルクロードが好きなんです。絵や工芸品から、西洋と東洋の互いの憧れが伝わってきて。お菓子も、始まりは異文化への憧れですよね。和洋を織り混ぜ、食べやすいけれどどこかに発見がある、そんなお菓子を目指しています」

そう語るのは、店主の得能《とくのう》めぐみさん。京都の人気カフェに勤めたのち、独立の準備をしていたところ、鹿ヶ谷通で長年愛される甘味処「銀閣寺㐂《き》み家」の閉店を知り、縁あって跡地を受け継ぐことになりました。「㐂み家」を知る人になじみの内装を残しつつ、得能さんの好きなシルクロード上の国々の調度品をあちこちに。クラシカルながら異国の風を感じる喫茶へと生まれ変わりました。

朝からでもすっと体に入っていくようにと、お菓子はどれも甘さ控えめでフルーツのみずみずしさが主役。運ばれてくるたびに、季節の色やうつわの意匠に目を奪われます。最後のひと皿は、木箱の中に庭を表現した「食べられる枯山水」。遠い異国の文化へと思いを馳せたお菓子の旅は、この街のすぐそばにある侘び寂びの世界が終着点です。西へ東へ、過去から現在へ。名店の残り香が漂う場所で、甘い旅路の時間をゆっくり過ごしてみてください。

1

2

1.オリエンタルな調度品や古書が並ぶ店内。2.「朝菓子の会」(3800円+ワンドリンク制。3営業日前までに要予約)

DATA

酒菓喫茶かしはて[しゅかきっさかしはて]
MAP P218 ⑤
京都市左京区浄土寺上南田町37-1
12:00〜16:30LO(朝菓子の会10:00〜12:00・予約制) 水曜休、不定休あり
@kashihate.kyoto

coffee stand 微光

夜明けの一杯 市場にともる灯《ひ》

朝5時。ほの暗い夜明け前に、ぽっと灯がともるコーヒースタンドがあります。京都市中央卸売市場の路地に、リヤカー1台のコーヒー屋台が出るようになったのは2021年5月。雨の日も風の日も、零下まで気温の下がる冬の朝も、来る日も来る日も現れる「coffee stand 微光」は、いつしか市場の名物になりました。

「最初は僕もこわかったですよ。みんな忙しそうやし、無口やし、こんなところでコーヒー売ってるなんて不思議そうで。だからあいさつだけはちゃんとしようと思って。そしたらだんだんと毎日寄ってくれる人が増えていったんです」

そう語るのは、梶谷美好《みよし》さん。屋台の後ろのゲストハウスの一室で自ら焙煎を行いながら、市場が休みの水曜・日曜以外の毎日、朝5時から9時までコーヒーを出しています。5時台は市場関係者がひっきりなしに訪れ、8〜9時台になると出勤前の地元の人や市場の食堂などを目当てにやってきた観光客が次々と。初めは珍しがられていたコーヒー屋台ですが、毎日コーヒーをいれ続ける梶谷さんの姿に、応援する人が一人、また一人と増えていきました。

「みんな舌が肥えているから、思ったこと口に出してくれるし、きちっと評価してもらえる。自然と話すきっかけになるのもコーヒー屋の役割だと思うんです」

市場の風景、そこで働く人々と、くり返す営み。「微光」のコーヒーには、市場の日常と人々へのリスペクトが詰まっています。夜明け前、市場にともるささやかな明かりは、人と人との交点となるあたたかな居場所の光です。

DATA

coffee stand微光
[コーヒースタンド びこう]
MAP P216 ②
京都市下京区朱雀宝蔵町73-1
5:00〜9:00 日・水曜休
@coffeestand.bikoh

1
2

1.コーヒーは300円でおかわりは100円。「市場で喜んでもらえる価格にしないと」。
2.コーヒー1杯分の談笑タイム

一人旅の夕食リスト

一人の時の夕食に悩む人は多いのではないでしょうか？　お酒が飲める人なら、アテになる小料理2、3種とワインやビールがあればうれしいもの。飲めない人なら、終日提供される定食やごはんもの、取り分けない料理が助かります。

一乗寺の「coimo wine」は、1人分にちょうどいい小皿のデリがそろいます。ナチュラルワインのリストやデザートも豊富で、カフェとしてもバーとしても使いやすい一軒。街なかの「MUL」は、1階がフリーアドレスのベンチ席で、サクッと立ち寄るのに最適です。終日提供されている「하하하」（P184）のスープ定食もぜひ覚えておいて。

しっかり飲んでディープな夜を過ごしたいなら「酒場檸檬」へ。90年代歌謡とビール箱の座席はなつかしさとエモさ満点。おひとりさまでもいつの間にか居合わせた人たちと卓を囲んでいそうです。

coimo wine

写真家・高橋ヨーコ氏の妹、順子さんが営むこちらは感度の高い人々の間で話題。パティシエやタイ滞在経験を持つ順子さんの多彩な料理がワインと好相性。「コイモサラダ」（ハーフ400円）。

DATA

coimo wine［コイモ ワイン］
MAP P218 ⑤
京都市左京区一乗寺払殿町38-3
パールハイツ1D
15:00～22:00LO（水曜18:00～）
火曜休、不定休あり
@coimo_wine

MUL

ファンの多い「チャンの野菜キムパ」(4切れ600円)をはじめ、なじみの韓国料理が豊富。ベビーカーでも入れてテーブルにも椅子にもなるベンチ席があり、公園のような気軽さがうれしい。

DATA

MUL［ムル］
MAP P215 ①
☎070-9050-1212
京都市中京区麩屋町通蛸薬師下ル梅屋町475-1
15:00〜22:00(土・日曜11:30〜14:00／17:00〜22:00)
水曜休、不定休あり
@mul_kyoto

酒場檸檬

おしゃれな場所に疲れてしまう辛党のオアシス。独特の「ダサかわいい」ムードが居心地よい。乾杯はもちろん「レモンサワー」(500円)と名物の「レモンマーボー豆腐」(770円)で。

DATA

酒場檸檬［さかばれもん］
MAP P215 ①
☎075-252-8070
京都市中京区桝屋町514
コリスアルタス1F
18:00〜翌1:30LO　木曜休
https://sakabalemon.owst.jp

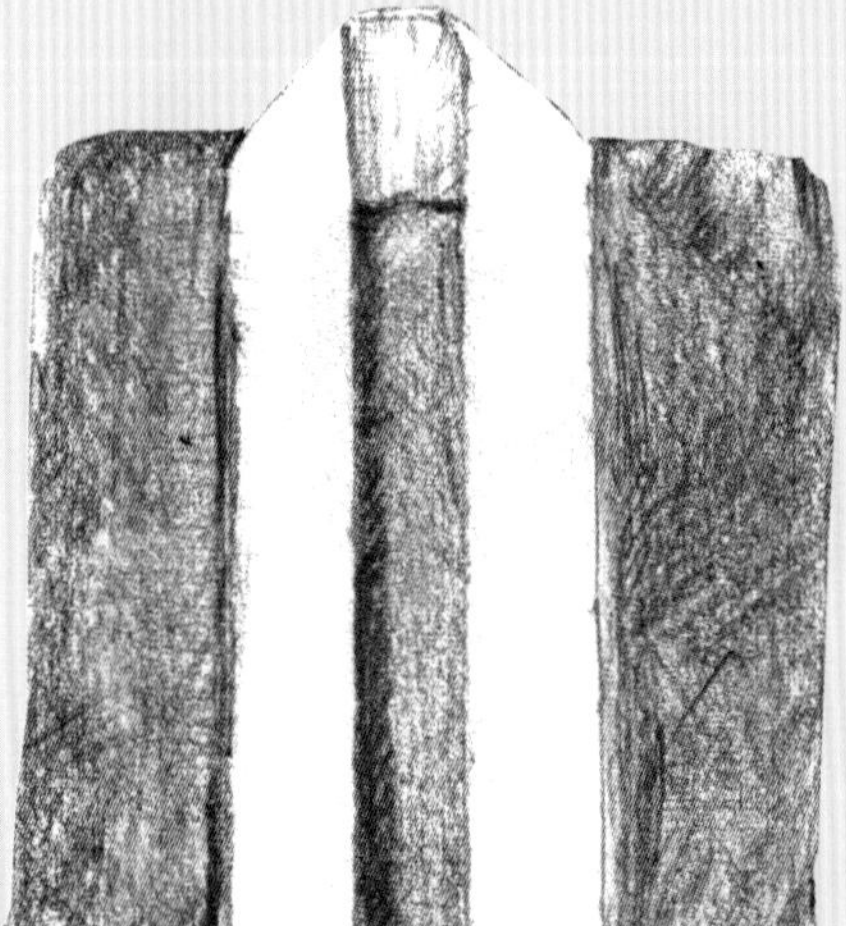

Hotel
Guest house

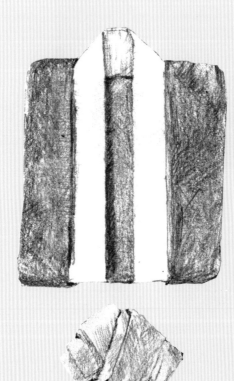

ただ単に眠る場所ではなく
旅の一番の目的になる。
そんな宿泊施設が次々と誕生しています。

チェックインしたら外出不要。
レストランも喫茶もバーもそろう
「オールインクルーシブ」のプランにも注目。

インテリアやサービスはもちろん
宿が歩んできた歴史
街とのつながりや、美しい自然も存分に味わって
心と体を癒してください。

chapter

7 泊まる、が目的

丸福樓

青緑色の窓枠や受付も旧社屋のまま。鳥のオブジェは造形作家・玉田多紀氏の作品で、改築工事の際に出た廃材で制作された

近代から現代へワープ 旧任天堂本社と安藤建築の粋

近代洋建築の重厚なオーラを放ちながら長年「開かずの館」だった、旧任天堂本社がスモールラグジュアリーホテルに生まれ変わりました。1930年代から1950年代まで事務所や倉庫として使われていた建物は、任天堂の創業家・山内家の住居部分を含む、南北に分かれた3棟構成。そこへ建築家・安藤忠雄氏が設計・監修した新築棟を増設し、昭和と令和の建造物が融合したハイブリッド建築になりました。クラシカルなタイルや大理石が施されたロビー、受付カウンターをそのまま利用したレセプション、タイムカードの打刻機が付いた時計、荷物の運搬用エレベーターなど、社屋としての面影を残す空間が出迎えてくれます。

人気は、夕食から夜のバー、翌日の朝食と昼食までをすべて含めたオールインクルーシブの宿泊プラン。熊本の料理家・細川亜衣氏が監修したレストラン「carta.」では、季節の素材を軸に、だしや発酵食品といった和食の要素を取り入れたコース料理を味わうことができます。人気の料理家の味を食べてみたいと、この食事を目当てに予約するゲストも少なくありません。

歴史と文化が息づく街にいながら、時代を読み、新しいものを積極的に取り入れる人々の気風もまた、京都らしさ。古い建物を未来に残すアイデア、世界中で愛されるエンターテインメントを創出してきた任天堂の歴史、日本を代表する建築家や料理家のクリエイティビティ…。今最も旬な京都に泊まる贅沢が、このホテルには詰まっています。

DATA

丸福樓 [まるふくろう]
MAP P216 ② ☎075-353-3355
京都市下京区正面通加茂川西入
鍵屋町342番地
15:00(IN)〜12:00(OUT)
https://marufukuro.com

〈 MEMO 〉

任天堂のトランプと花札は、備品として貸し出し可能で、お土産として販売も。任天堂のゲーム機の愛用者は多いと思いますが、あえてトランプや花札に興じて過ごすのも粋ですね。

上／クローバー棟には荷物の運搬用エレベーターが残る。下／「carta.」は月に数日、宿泊客以外でも利用できる日がある

エースホテル京都

カフェとアートと音楽と

レコードに針を落とすと、デジタルデバイスの音質とはひと味違う、ノイズを含んだ柔らかなメロディーが流れ出します。アート&カルチャーを体験できるホテルを世界中に展開する「エースホテル」に、音楽は不可欠。ここ京都も例外ではなく、客室にはチボリ社製のラジオや白紙の五線譜、レコードプレイヤーがあり、部屋によってはギターまでが備えられています。

大正時代に建てられた旧京都中央電話局の意匠を生かしながら、建築デザイン監修を建築家・隈研吾氏が、内装デザイン監修をいくつかのエースホテルの空間を手がけてきたLAのデザイン集団・コミューンデザインが担当。広く開放されたパブリックスペースは、人々の交流と街との接点を生む場としてデザインされています。ロビーエリアには、ギャラリーでアート作品を鑑賞する人や、コーヒーを片手にPCを開く人の姿。ポートランドのコーヒーショップ「スタンプタウン・コーヒー・ロースターズ」のシグネチャーである濃紺のポットのタペストリーは、100歳を超える現役の染色作家・柚木《ゆのき》沙《さ》弥《み》郎《ろう》氏が手がけました。

日本の作家や職人の品、民藝などをちりばめつつ、西洋の感性やテイストも加わった空間は、コンセプトの「East Meets West」を体現しています。旅の人も地元の人も、日本人も外国人も、分け隔てなく自由に行き交う空間で、日本の優れたアートやカルチャーをシェアする。心地よい音楽とともに、そんな京都ステイが体験できそうです。

DATA

エースホテル京都
[エースホテルきょうと]
MAP P215 ①
☎075-229-9000
京都市中京区車屋町245-2 新風館内
15:00(IN)〜12:00(OUT)
https://jp.acehotel.com/kyoto

1
2

1.日本の民藝や作家の品が取り入れられた客室。2.部屋には洋楽・邦楽含め5枚ほどのレコードが

つながる遊ぶ 町家ステイ

ベンガラ色の格子戸が目印の町家は、京都に暮らすイラストレーター・ダイモンナオさんが、アトリエとイベントスペースを兼ねて始めた一日一組・女性専用のゲストハウスです。仕事柄、クリエイターの友人が多いダイモンさん。それぞれの得意分野を生かして料理会やワークショップを開きつつ、女性が一人でも気軽に泊まれる町家宿を運営できたら、とオープンしました。ユニークな名前は、自身のアイデアや癒しの源である「本」と「緑」から着想したそうです。

「ライブラリーの本は、友人知人から自然と集まってきたもの。よその本棚って、自分で選んだ本とは違う、思いがけない一冊に出会いますよね。おひとりさまのゲストも多いので、ここでゆっくり本を読んだり、テイクアウトの夕食をいただいたりと、暮らすように過ごしてもらっています」

コロナ禍の真っ只中にそろりとスタートした「草と本」ですが、ダイモンさんの周辺から次々と人のつながりが生まれ、多彩なイベントが開催されるように。料理、和洋のお菓子、日本庭園、イラストまで、ジャンルは多岐にわたります。「一人ではやってみようとしないことでも、誰かと集まれば楽しく体験できます。手を動かして、五感を使って、大人が遊べる場所になったらと思うんです」

そう話すダイモンさん自身が一番、この場所での出会いや発見を楽しんでいる様子。草の根が地中で広がり新しい場所で芽吹くように、ここから生まれたつながりや体験が今、街に新しい風を運んでいます。

1

2

1.格子戸が目印。イベント開催時は宿泊者以外も利用できる。
2.苔の鉢植えや奥の坪庭はダイモンさんの癒しの一つ

DATA

草と本［くさとほん］
MAP P217 ④
京都市上京区水落町87-2
15:00（IN）～10:00（OUT）
@kusatohon

喫茶「帰去来」でいただけるウェルカムドリンクは、京都のティーブランド「HAHAHAUS」による4種の養生茶

上／比叡山を借景に八瀬の自然とつながる庭園。下／ロビーには書家・新城大地郎氏と陶芸家・清水志郎氏の作品が

八瀬の自然と工芸の美にふれ、生まれ変わる

比叡山のふもと、瑠璃光院の参道を奥に進んだところに「moksa」はあります。周辺は八瀬と呼ばれ、高野川のせせらぎに鳥の声、山の澄んだ空気に包まれた心地よいエリア。古くからの別荘地であり、かつては日本最古の蒸し湯場「八瀬の窯風呂」で貴族や武士が心身の疲れを癒したと伝わります。

フロントで出迎えてくれるのは、この宿の守り神「moksa jin」。三重県の陶芸家・沓沢《くつざわ》佐知子氏が、この地の先住民や精霊をイメージして作ったという土像で、館内のあちこちにさまざまな姿を現し来客を見守っています。庭園の緑を背景に、個性豊かな現代工芸作家の茶器が並ぶ「帰去来《ききょらい》」は、滞在中好きなドリンクを好きなタイミングでいただける喫茶。窯風呂文化を受け継いだプライベートサウナ「蒸庵」もあり、サンスクリット語で「解脱」や「解放」を意味する「moksa」の名の通り、心身ともに生まれ変わるような時間を過ごせます。

「旅行って、その土地の歴史や文化を味わうことだと思うんです。八瀬には昔、小原女《おはらめ》という薪・炭売りの女性たちがいて、窯風呂もありました。薪火で料理するレストランや、サウナはその文化にちなんで。その日偶然採れたような旬のもの、土地のものを体に入れる。健康ってそういう体験じゃないでしょうか」

総支配人で薪火レストラン「MALA」総料理長の宍倉宏生さんは、そう話します。八瀬の地に伝わる、癒しの知恵と食養生。日常を忘れ、旅した土地をゆっくりと味わい尽くす滞在は、何ものにもかえがたい体験です。

〈 MEMO 〉

「帰去来」に並ぶ茶器は、うつわ好き垂涎の作り手のものばかり。眺めているだけで眼福です。不定期で中国茶会なども開かれているので、それを目当てに宿泊するのもいいですね。

DATA

moksa［モクサ］
MAP P219 ⑨
☎075-744-1001
京都市左京区上高野東山65
15:00（IN）〜11:00（OUT）
https://moksa.jp

column 4

私の小さな展示室

京都中にちりばめられた、たくさんの心うるおす場所やお店を紹介してきましたが、最後に一軒。ここは、私が開いた小さな展示室です。

私自身が選び、生活に取り入れて「書きとめておきたい」と感じた、衣食住の品々とその作り手。そんな大切で愛おしいものたちのリストを、訪れた方とシェアするような気持ちで時々扉を開けています。オープンは2、3ヶ月に一度、企画展の開催時のみ。扱うものは、衣服やジュエリーといった装いの品々から、うつわや道具など暮らしに寄り添うものまでさまざまです。

大人になると、誰かと約束して会う時間を作ることが少なくなります。それなら、約束などなくても、同じものを「好き」と感じる人と出会い、話せる場所があったらきっと楽しい。この場所がこの本を手に取ってくださった方との、小さな接点になれたら幸せです。

同じものを「好き」と感じる誰かと、
出会い話せる小さなギャラリーを開きました。

DATA

written［リトゥン］
MAP P219 ⑥
京都市北区小山下花ノ木町（番地非公開）
展示期間のみオープン。営業日・時間は
インスタグラムを要確認
@written_kyoto

京都市広域MAP

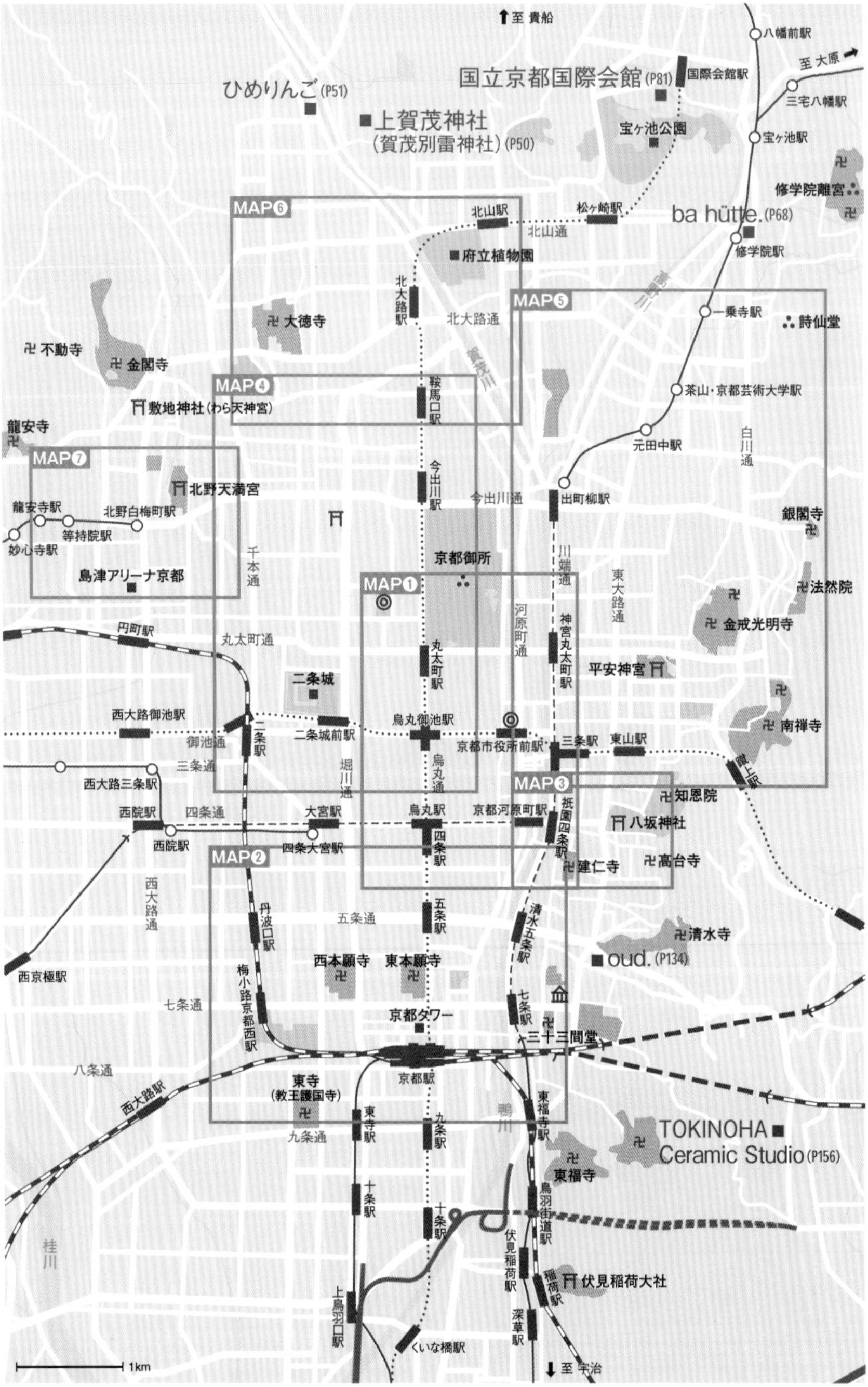

至 貴船
八幡前駅
至 大原
国立京都国際会館 (P81)
国際会館駅
三宅八幡駅
ひめりんご (P51)
上賀茂神社
(賀茂別雷神社) (P50)
宝ヶ池公園
宝ヶ池駅
修学院離宮
MAP6
北山駅
松ヶ崎駅
ba hütte. (P68)
北山通
府立植物園
修学院駅
叡山電鉄
北大路駅
MAP5
一乗寺駅
詩仙堂
大徳寺
北大路通
賀茂川
不動寺
金閣寺
MAP4
鞍馬口駅
茶山・京都芸術大学駅
敷地神社 (わら天神宮)
元田中駅
白川通
龍安寺
MAP7
北野天満宮
今出川駅
龍安寺駅
北野白梅町駅
出町柳駅
今出川通
等持院駅
妙心寺駅
銀閣寺
千本通
川端通
京都御所
東大路通
島津アリーナ京都
MAP1
法然院
河原町通
神宮丸太町駅
円町駅
金戒光明寺
丸太町通
丸太町駅
平安神宮
二条城
南禅寺
西大路御池駅
烏丸御池駅
御池通
二条駅
二条城前駅
京都市役所前駅
三条駅
東山駅
蹴上駅
三条通
烏丸通
MAP3
西大路三条駅
堀川通
知恩院
西院駅
四条通
大宮駅
烏丸駅
京都河原町駅
祇園四条駅
八坂神社
西院駅
四条大宮駅
四条駅
MAP2
建仁寺
高台寺
西大路通
丹波口駅
五条通
五条駅
清水五条駅
清水寺
oud. (P134)
西京極駅
西本願寺
東本願寺
梅小路京都西駅
七条通
七条駅
京都タワー
三十三間堂
八条通
京都駅
西大路駅
東寺
(教王護国寺)
東福寺駅
鴨川
東寺駅
九条駅
九条通
TOKINOHA
Ceramic Studio (P156)
東福寺
十条駅
十条駅
鳥羽街道駅
桂川
伏見稲荷駅
伏見稲荷大社
稲荷駅
上鳥羽口駅
深草駅
くいな橋駅
1km
至 宇治

MAP① 街なか

護王神社
出水通
京都府庁
旧本館
下立売通
菓歩菓歩
京都御所西店
京都第二
赤十字病院
仙洞御所
京都御苑
荒神口
民の物 (P140)
京都市
歴史資料館
神宮丸太町駅
河原町丸太町
丸太町通
日曜日のごちそう (P167)
竹屋町通
YUGEN
丸太町駅
東洞院通
間之町通
高倉通
堺町通
柳馬場通
富小路通
麩屋町通
御幸町通
寺町通
河原町通
鴨川
夷川通
辻和金網 (P113)
京阪本線
京都村上開新堂 (P167)
釜座通
新町通
衣棚通
室町通
両替町通
二条通
堀九来堂 (P112)
インド食堂タルカ (P51)
D+E MARKET／FLUFFY＆
TENDERLY KYOTO (P128)
押小路通
ハートンホテル京都
京都国際マンガ
ミュージアム
京都市役所
ル・カフェ・ド
ブノワ (P48)
地下鉄東西線
烏丸御池駅
京都市役所前駅
亀末廣 (P50)
THE GOOD DAY VELO (P178)
エースホテル京都 (P204)
わたつね (P50)
スマート珈琲店 (P110)
三条駅
河原町三条
梅園三条寺町店 (P108)
MOVIX京都
紫雲山頂法寺
(六角堂)
西洞院通
地下鉄烏丸線
京極かねよ (P51・P106)
YOLOs (P115)
MUL (P197)
木屋町 蘭 (P92・P115)
錦市場
錦小路通
LAQUE四条烏丸
大丸京都店
酒場檸檬 (P197)
喫茶ソワレ (P94)
烏丸駅
京都河原町駅
四条通
阪急京都線
三井ガーデンホテル
京都四条
四条駅
藤井大丸
京都タカシマヤ
東華菜館
本店 (P167)
祇園四条駅
TREE (P166)
綾小路通
からすま京都ホテル
アトリエシムラShop&Gallery
京都本店 (P78)
仏光寺通
SPICE GATE
(P49)
下京中学校 成徳学舎 (P6)
高辻通
하하하 (P184)
200m
木と根 (P114)

MAP② 京都駅・五条

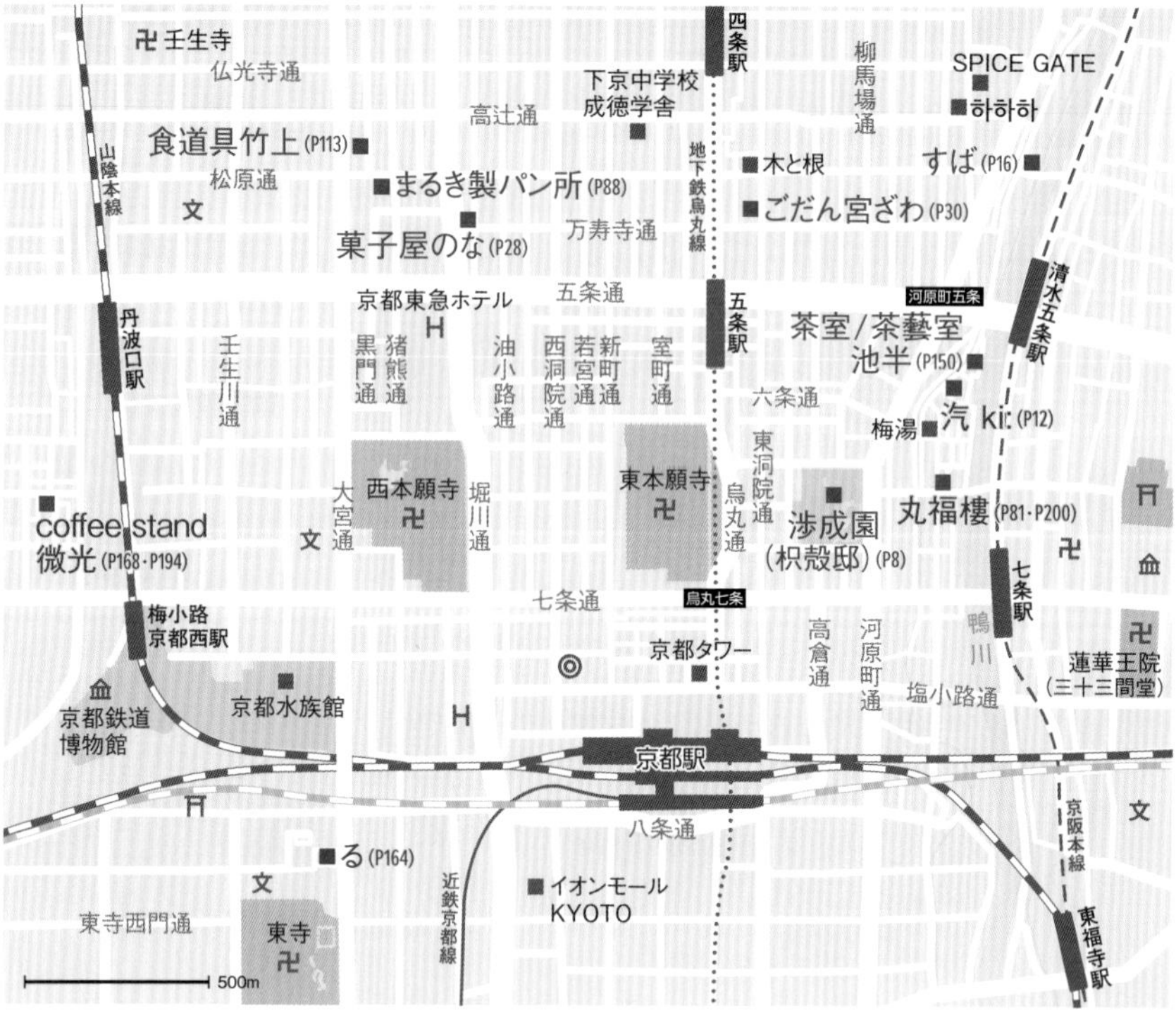

MAP③ 祇園

MAP④ 西陣・二条城

建勲神社
紫明通
うめぞの茶房
dialogue
万年青のオモテ市
鞍馬口駅
上御霊神社
ベジサラ舎(P44)
ARUSE(P132)
相国寺
寺之内通
同志社大学
上立売通
草と本(P206)
同志社大学
ル・プチメック 今出川店(P166)
今出川駅
千本今出川
今出川通
堀川今出川
晴明神社
地下鉄烏丸線
一条通
智恵光院通
大宮通
京都御所
神馬(P104)
中立売通
京都ブライトンホテル
千本通
上長者町通
堀川通
下長者町通
護王神社
出水通
京都府庁旧本館
京都御苑
下立売通
鳴海餅本店(P167)
菓歩菓歩 京都御所西店(P42)
油小路通
小川通
円卓(P20・P167)
京都第二赤十字病院
千本丸太町
堀川丸太町
丸太町通
丸太町駅
東洞院通
間之町通
高倉通
堺町通
柳馬場通
YUGEN(P38)
竹屋町通
夷川通
西洞院通
釜座通
新町通
衣棚通
室町通
両替町通
車屋町通
二条城
山陰本線
二条通
CLAMP COFFEE SARASA(P51)
BROWN.(P141)
押小路通
京都国際マンガミュージアム
二条駅
二条城前駅
地下鉄東西線
御池通
喫茶チロル(P100)
烏丸御池駅
果朋(P114)
姉小路通
京都文化博物館
三条通
200m

MAP⑤ 左京区・岡崎

通しあげ そば鶴(P166)
恵文社
一乗寺店
一乗寺駅
詩仙堂
coimo wine(P196)
金福寺
マヤルカ古書店(P141)
叡山本線
下鴨本通
北大路通
大原通
下鴨神社
(みたらし祭/下鴨納涼古本まつり)(P51・P166)
茶山・京都芸術大学駅
京都芸術大学
二十日(P136)
川端通
高原通
京都珈琲焙煎所
旅の音(P115)
元田中駅
裁判所
下鴨警察署
御蔭通
本満寺(P50)
白川通
出町柳駅
百万遍知恩寺
百万遍
今出川通
ha ra(P176)
鴨川
京都大学
銀閣寺
吉田神社
(節分祭/吉田山大茶会)(P50)
酒菓喫茶かしはて(P192)
東一条通
京阪本線
東大路通
YENTA(P50)
swimpond coffee(P182)
法然院
哲学の道
京都府立
医科大学
近衛通
真如堂(真正極楽寺)
(P116・P167)
蜂屋うちわ職店(P60)
河原町通
京都大学医学部
附属病院
くろ谷 金戒光明寺
聖護院門跡
鹿ヶ谷通
神宮丸太町駅
丸太町通
平安神宮
グリル小宝(P98)
DUPREE(P26)
岡崎通
冷泉通
とま屋(P34)
ロームシアター京都
禅林寺(永観堂)
二条通
平安蚤の市(P120)
京都国立近代美術館
京都市京セラ美術館(P54)
南禅寺
essence kyoto(P58)
三条駅
東山駅
地下鉄東西線
三条通
丹(P49)
蹴上駅
青蓮院門跡
500m

MAP⑥ 北山・紫野

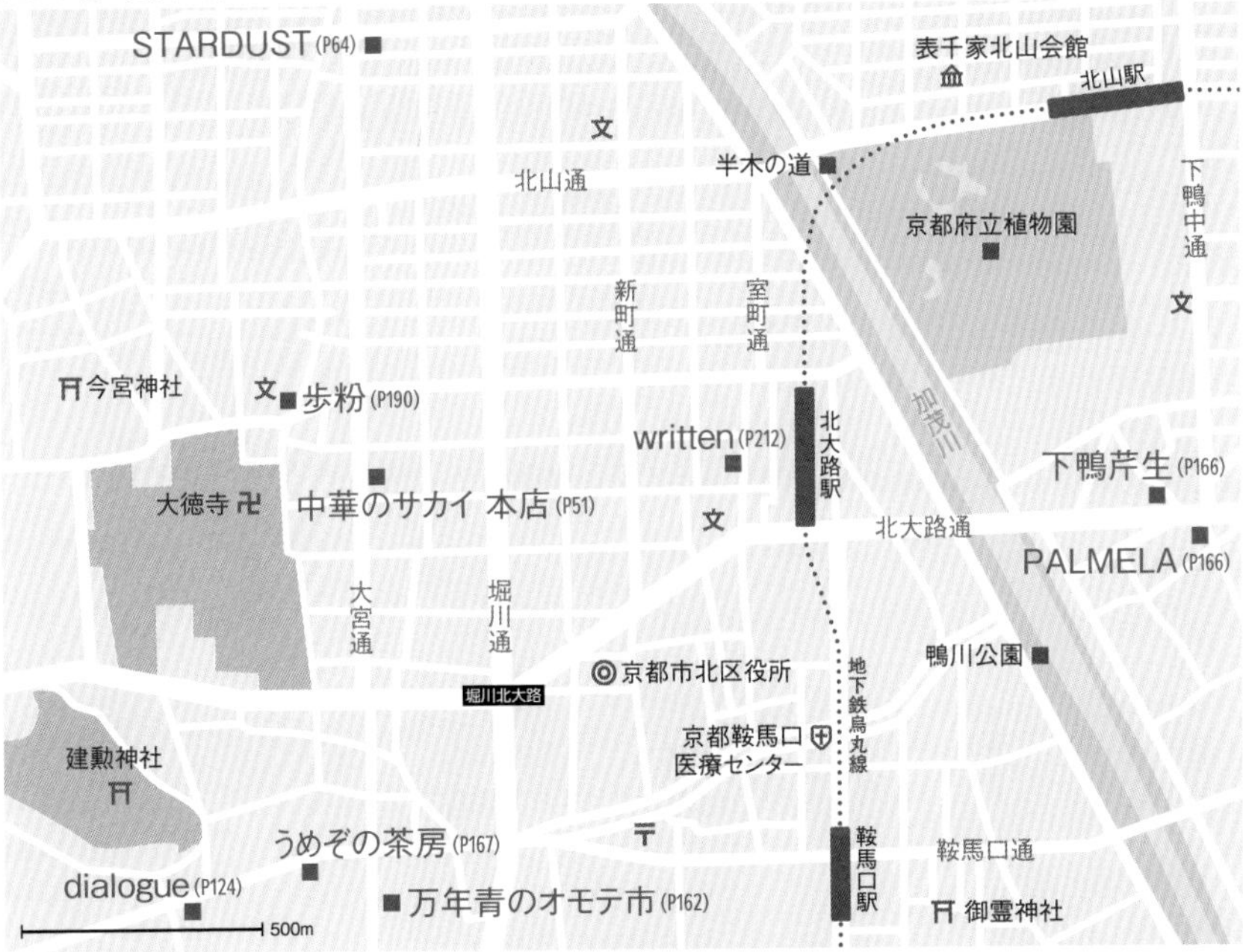

STARDUST (P64)
表千家北山会館
北山駅
文
半木の道
北山通
京都府立植物園
下鴨中通
新町通
室町通
文
今宮神社
文
歩粉 (P190)
加茂川
written (P212)
北大路駅
下鴨芹生 (P166)
大徳寺
中華のサカイ 本店 (P51)
文
北大路通
PALMELA (P166)
大宮通
堀川通
鴨川公園
京都市北区役所
堀川北大路
地下鉄烏丸線
京都鞍馬口医療センター
建勲神社
うめぞの茶房 (P167)
鞍馬口駅
鞍馬口通
dialogue (P124)
万年青のオモテ市 (P162)
御霊神社
500m

MAP⑦ 北野天満宮・龍安寺

平野神社 (P144)
坂田焼菓子店 (P51)
北野天満宮
西大路通
上七軒歌舞会
上七軒
Kew (P172)
文
今出川通
等持院駅
京福電鉄北野線
龍安寺駅
北野白梅町駅
大将軍八神社
文
古い道具 (P138)
一条通
文
RIFIFI studio (P188)
文
妙心寺
仁和寺街道通
七本松通
島津アリーナ京都
文
500m

MAP⑩ 大原

寂光院
文
勝林院
三千院
somushi ohara (P22)
367
里の駅大原
500m

MAP⑨ 岩倉・八瀬

500m
岩倉
履物関づか/岩倉AA (P70)
叡山電鉄鞍馬線
三宅八幡宮
八幡前
八瀬比叡山口
蓮華寺
367
叡山電鉄叡山本線
三宅八幡
moksa (P208)
宝ヶ池
鈍考/喫茶 芳 (P146)
赤山禅院

MAP⑧ 鞍馬

貴船神社
鞍馬山
鞍馬寺 (P154)
鞍馬
361
貴船口
40
61
二ノ瀬
白龍園 (P158)
35
市原
実相院
1km
二軒茶屋

INDEX

おわりに

この本は、2019年に刊行した『京都のいいとこ。』の続編です。
朝日新聞デジタル「&Travel」の連載「京都ゆるり休日さんぽ」で
2019年5月〜2023年12月に掲載された記事から厳選、加筆修正し、
新たに取材したスポットの記事や書き下ろしのコラムを加えて制作しました。

前作から今作までの期間、パンデミックに見舞われたことで
京都の街の様子も、それぞれの店や場所のスタイルもガラリと変わりました。
オンラインショップやSNS発信をしてこなかったところがそれらに取り組み始めたり
飲食店やギャラリーで予約制が定着したり。
進化する京都を実感する一方で、再確認したのは、
自分の目で、舌で、肌で感じることでしか、得られない体験の尊さです。

「当日中」の和菓子のとびきりのおいしさ
きびきびと持ち場で気持ちよく働く、老舗の下足番係
もみじの隙間から、風に合わせてキラキラとこぼれる秋の光
胸がいっぱいになるようなできごとの多くは、その場、その瞬間にしかないのです。

この本では、取材した方の生きた言葉
私自身が感じた空気や心が動いたできごとを
友人に話すような気持ちで、綴りました。
読んでくださった方々がオンラインで買えない、写真に写りきらない
店・人・景色に会いにいく、きっかけになればうれしいです。

書籍化にあたり、
取材先の魅力をみずみずしい視点で切り取ってくれた、
フォトグラファーの津久井珠美さん
シンプルな中にも意志のあるキリッとしたデザインを制作してくれた、
デザイナーの葉田いづみさん
細やかなサポートで連載に伴走してくださる、
朝日新聞デジタル「&Travel」の橋本正夫さん
前作に続き、書籍化の実現と制作に尽力してくださった
朝日新聞出版の岡本咲さん、白方美樹さんに、心から感謝申し上げます。

そして、取材に協力してくださった京都のみなさん
本当にありがとうございました。

2023年12月　大橋知沙

大橋知沙［おおはしちさ］

1982年徳島県生まれ、京都在住の編集者・ライター。不定期オープンの展示室「written」店主。東京でインテリア・ライフスタイル系の編集者を経て、2010年に京都に移住。築90年の古い家をリノベーションし、京都の四季や文化を感じながら暮らす。WEBや雑誌を中心に取材・執筆を手がけるほか、展示室「written」では現代工芸作家やブランドの展覧会を企画・開催。著書に『京都のいいとこ。』（朝日新聞出版）。

本書は朝日新聞デジタル「&Travel」で連載中の「京都ゆるり休日さんぽ」を大幅に加筆修正し、再編集したものです。
https://www.asahi.com/and/travel

カバー写真…烏丸花屋町交差点付近／鞍馬寺／長楽館／
喫茶チロル
P2…京都市京セラ美術館　P222…とま屋

写真　津久井珠美
ブックデザイン　葉田いづみ
イラスト　よしいちひろ
マップ制作　山口美徳
企画・編集　岡本咲・白方美樹
（朝日新聞出版 生活・文化編集部）

もっと、京《きょう》都《と》のいいとこ。
何度《なんど》でも訪《たず》ねたい店《みせ》・人《ひと》・景色《けしき》

2024年1月30日　第1刷発行
2024年3月30日　第2刷発行
著　者　大橋知沙
発行者　片桐圭子
発行所　朝日新聞出版
〒104-8011　東京都中央区築地5-3-2
（お問い合わせ）infojitsuyo@asahi.com
印刷所　図書印刷株式会社

Published in Japan by Asahi Shimbun Publications Inc.
ISBN　978-4-02-334753-3

定価はカバーに表示してあります。落丁・乱丁の場合は弊社業務部（電話03-5540-7800）へご連絡ください。送料弊社負担にてお取り替えいたします。